Marc Böhmann / Regine Schäfer-Munro

Survival-Guide
Schulpraktikum

W0073072

Dieses Buch basiert auf
Marc Böhmann/Regine Schäfer-Munro: Kursbuch
Schulpraktikum. Beltz Verlag, 2. Auflage 2008.

Aus Gründen der besseren Lesbarkeit verwenden wir in
diesem Buch nicht nur geschlechtsneutrale Formulierungen
wie »Mentor/innen«, sondern auch »der Mentor« und
»die Mentorin« gleichberechtigt nebeneinander.

Lektorat: Michael Kühlen

© 2011 Beltz Verlag • Weinheim und Basel
www.beltz.de
Herstellung und Satz: Sarah Veith
Innengestaltung: Sarah Veith
Umschlagkonzept und -gestaltung: Sarah Veith
Umschlagabbildung: Oliver Melzer
Druck: Beltz Druckpartner, Hemsbach
Printed in Germany

ISBN 978-3-407-62795-7

Inhaltsverzeichnis

3

Inhaltsverzeichnis

Schulpraktika im Lehramtsstudium

Verpflichtend In allen bundesdeutschen Lehramtsstudiengängen haben Schulpraktika ihren festen Platz und sind damit auch eine notwendige Voraussetzung für die Zulassung zur Prüfung. Es ist dabei bundesweit Minimalstandard, dass jede künftige Lehrerin und jeder künftige Lehrer zumindest zwei Schulpraktika, häufig Blockpraktika in der vorlesungsfreien Zeit, im Laufe seines Studiums absolvieren muss.

Dabei ist wichtig: Je nach konkreter Studien-, Prüfungs- und Praktikumsordnung, je nach Lehramtsstudiengang und je nach Bundesland unterscheiden sich diese Praktika allerdings erheblich in Länge, Zielsetzung, Betreuung und Gestaltung.

Praktikums-Spitzenreiter sind die Pädagogischen Hochschulen in Baden-Württemberg, bei denen künftige Lehrer/innen für Grund-, Haupt-, Real- und Sonderschulen sechs Praktika absolvieren müssen.

Zwecke Praktika sind für ganz unterschiedliche Zwecke vorgesehen. Sehr grob lassen sich

+ schulpädagogische Praktika,
+ Fachpraktika und
+ sozialpädagogische Praktika unterscheiden.

All diese Praktika dienen letztlich dem Ziel, Sie an das konkrete Arbeits- und Handlungsfeld von Lehrer/innen schrittweise heranzuführen, bei Ihnen einige zentrale Kompetenzen für einige Handlungsbereiche des Lehrerberufs, z.B. Unterrichten, Erziehen, Beurteilen, Beraten, Innovieren und Verwalten anzubahnen sowie Ihnen gleichzeitig die Möglichkeit zu geben, Ihr Berufsziel kritisch-konstruktiv zu reflektieren.

Theorie meets Praxis Wenn das Praktikum gut läuft, ist es geeignet, Ihre an der Universität erlernten erziehungswissenschaftlichen, fachwissenschaftlichen und fachdidaktischen Theorien und Konzepte an der Schulwirklichkeit zu überprüfen und Ihnen gleichzeitig wertvolle Impulse für Ihr weiteres Studium zu geben. Das Schlagwort dazu lautet: Theorie-Praxis-Verbund.

Inhalte Im Mittelpunkt Ihres Schulpraktikums steht in erster Linie das zentrale Handlungsfeld von Lehrer/innen, der Unterricht. Sie werden in Ihrem Praktikum schrittweise herangeführt an die

+ Beobachtung, Beschreibung, Analyse von Unterricht,
+ Reflexion erziehungswissenschaftlicher, fachwissenschaftlicher und fachdidaktischer Theorien,
+ Beobachtung, Beschreibung und Analyse anthropogener und soziokultureller Voraussetzungen von Unterricht aufseiten der Schüler/innen und der Lehrerin/des Lehrers,
+ Planung, Durchführung und Auswertung von Unterricht und deren Reflexion, begründete Auswahl, Anwendung und Reflexion von Unterrichtsmethoden.

Darüber hinaus werden Sie in Ihrem Praktikum aber auch viele andere Seiten des Lehrerberufs bzw. des Schulalltags kennenlernen können, z. B.

+ Konferenzen,
+ Elternabende,
+ Vorbereitung, Durchführung und Nachbereitung außerunterrichtlicher Veranstaltungen, z. B. Lerngänge, Erkundungen, Ausflüge, Betriebspraktika,

+ Veranstaltungen der Lehrerfortbildung,
+ Kontakte mit der Schulverwaltung, z. B. Schulamt, Schulverwaltungsamt.

Uni = Schulferne Viele Lehramtsstudierende vermissen in ihrem Studium Bezüge zur Schulwirklichkeit und zum Berufsalltag von Lehrer/innen. Und das sicherlich nicht zu Unrecht: Die meisten Universitäten dieses Landes hegen traditionell eine explizite oder implizite Abneigung gegen alles, was mit konkreten Verwendungszusammenhängen zu tun hat. Wissenschaftlichkeit wird dabei viel zu häufig mit einer strukturellen Abkehr von jeglicher Praxis bzw. Praxisbezogenheit verwechselt.

Das äußert sich nicht nur in praxisfernen und zugleich theorieüberfüllten Studien- und Prüfungsordnungen, sondern z. B. auch im Stellenzuschnitt der Professuren, wo Fachdidaktik meist entweder unter »ferner liefen« oder gar nicht auftaucht. Um es pointiert auszudrücken: Die bundesdeutsche Universität begreift sich bis heute nicht als Lehrerausbildungsstätte, obwohl doch in vielen Studiengängen und Veranstaltungen die Mehrzahl Lehramtsstudierende sind.

Und: In Deutschland werden künftige Lehrer/innen größtenteils von Dozent/innen ausgebildet, die seit Jahren, häufig seit Jahrzehnten nicht mehr selbst unterrichtet haben oder nur sehr kurz Lehrer/innen waren. Was in der »freien Wirtschaft« undenkbar wäre, ist immer noch Prinzip der Universität.

Hohe Erwartungen Insofern ist es wenig verwunderlich, dass Sie als Student/in Ihren Schulpraktika große Erwartungen entgegenbringen. Endlich wollen Sie Ihr Wissen, Ihre im Studium erworbenen Kompetenzen auch anbringen, endlich sich selbst in der Rolle als Lehrer/in erleben, möglicherweise auch endlich einmal beweisen, dass Unterricht mehr und besser sein kann als das, was Sie selbst als Schüler/in erlebt, oft erlitten haben.

Vielleicht spielt auch bei Ihnen der Gedanke eine Rolle, das Schulpraktikum als mögliche Entscheidungshilfe für die Frage zu verwenden, ob Sie geeignet für den Lehrerberuf sind.

Aus all dem wird sich sicher eine individuelle Mischung aus den Gefühlen Freude, Anspannung, Unbehagen und Angst ergeben, die dazu führt, das Praktikum als besondere Lernerfahrung zu begreifen.

Status und Rollenerwartungen

Sicht des Praktikanten

Wer als Praktikant/in in eine Institution kommt, übernimmt dabei automatisch eine bestimmte Rolle, die sich in einigen zentralen Punkten von der Rolle der regulären Mitarbeiter/innen unterscheidet. Dies ist bei Ihrem Schulpraktikum genauso.

Zeitlich begrenzt Ihre Rolle unterscheidet sich zum Ersten im Faktor Zeit: Während die anderen Lehrer/innen Jahre, teilweise Jahrzehnte an dieser Schule arbeiten, ist Ihre Zeit dort begrenzt. Dies heißt einerseits, dass Sie sich in kürzester Zeit mit den Schulgegebenheiten vertraut machen müssen, andererseits ist auch Ihr Kontakt mit der Mentorin bzw. dem Mentor und den Schüler/innen zeitlich befristet.

Weniger Kompetenz Zentrale Unterschiede in der Rolle zwischen Ihnen als Praktikant/in und dem Rest des Lehrerkollegiums liegen auch im Bereich der Kompetenz. Das Praktikum ist Teil der Ausbildung, insofern kann niemand von Ihnen verlangen (am wenigsten sollten Sie das von sich selbst!), angemessen, versiert und differenziert im Unterricht zu agieren. Fehler zu machen, an eigene Grenzen oder die der Schüler/innen zu stoßen oder mit Unterricht ganz zu scheitern gehört für Sie quasi zum Ausbildungsprogramm und ist insofern als wichtige Erfahrung zu betrachten.

Weniger Verantwortung Darüber hinaus gibt es Unterschiede beim Faktor Verantwortlichkeit: Ihren gehaltenen Unterricht, sei er gelungen oder missraten, verantwortet letztlich Ihr/e Mentor/in bzw. die Schulleitung. Gerade in wichtigen Fragen sind Sie auf die Autorität Ihres Mentors angewiesen.

Machtlos Damit wären wir beim nächsten Punkt, der im Unterricht vorhandenen Macht von Praktikant/innen. Ihr Status kann sowohl gegenüber den Schüler/innen wie gegenüber dem Mentor als relativ machtlos beschrieben werden. Gerade in Konfliktfällen wird deutlich, dass der Mentor etwaige Strafen, die Sie aussprechen möchten, endgültig absegnen muss. Aber auch in Fragen der Bewertung und Benotung von Schülerleistungen ist Ihr Spielraum als Praktikant/in begrenzt. Praktikant/innen unterrichten also mit einer »geliehenen Autorität«.

Nicht mehr – noch nicht Und schließlich ist Ihr Status als Praktikant/in insgesamt durch eine Ambivalenz von »nicht mehr« und »noch nicht« gekennzeichnet. Einerseits sind Sie kein/e Schüler/in mehr, sehen häufig auch älter aus als die ältesten Schüler/innen Ihrer Praktikumsschule und fallen insofern im Schülerblick auf, andererseits sind Sie längst noch kein fertiger Lehrer. Sie werden diese Ambivalenz z. B. auch daran bemerken, wie Sie bestimmte Situationen und Ereignisse im Unterricht, im Pausenhof oder im Lehrerzimmer wahrnehmen. Häufig werden Ihnen diese mit einem gespaltenen Blick offenbar: Einerseits in der Schülerperspektive, andererseits in der Lehrerperspektive.

Beispiel 1 Wenn der nette Kevin aus der 7b zum Beispiel im – zugegebenermaßen etwas langweiligen – Physikunterricht Ihres Mentors seine Zeit damit verbringt, die Schülerinnen in der Bank vor ihm mit gezielten und gleichzeitig wenig diskreten Kontaktaufnahmen zu bezirzen, so werden Sie auf der einen Seite möglicherweise Sympathie für ihn empfinden, weil es Ihnen damals im Physikunterricht auch ähnlich ging, oder Sie denken, er habe ganz recht, den Unterricht zu stören.

Auf der anderen Seite empfinden Sie mit Ihrem Mentor und meinen, er habe sich ja auf den Unterricht vorbereitet und damit ein Recht darauf, ungestört zu unterrichten (und die anderen Schüler/innen ebenso!), und die Störungen von Kevin seien insgesamt so gravierend, dass er Kevin verwarnen, gegebenenfalls bestrafen müsse.

Beispiel 2 Ein anderes Beispiel: Das abgeschlossene und für Schüler/innen normalerweise unzugängliche Lehrerzimmer wird für Sie einerseits den Hauch von Unnahbarkeit und Arroganz gegenüber den Schüler/innen vermitteln, andererseits werden Sie vielleicht ganz froh sein, nach zwei Stunden konzentriertem Hospitieren oder schweißtreibendem Unterrichten die große Pause fernab von zarten Kinderstimmen in trauter Zweisamkeit mit Ihrem Kaffee zu erleben.

Erwartungshaltung der Schule

Nicht nur Sie selbst haben handfeste Erwartungen an Ihr Praktikum, sondern auch die anderen Beteiligten.

Erwartungen des Mentors Ihr/e Mentor/in möchte vielleicht selbst mehr lernen, erfahren, was an der Universität gerade für didaktische Konzepte en vogue sind, mit Ihnen gemeinsame Lernerfahrungen machen. Vielleicht möchte er neue Impulse für seinen eigenen Unterricht erhalten und ist vor allem daran interessiert, von Ihnen ein fachliches und ehrliches Feedback zum eigenen Unterricht zu bekommen.

Das könnte daran liegen, dass die meisten Lehrer/innen nur sehr selten eine professionelle kritisch-konstruktive Rückmeldung zu dem bekommen, was sie den ganzen Tag unterrichtlich und erzieherisch unternehmen. Die Effekte von Schule und Unterricht sind in der Regel nur sehr langfristig zu bemerken. Wer auf kurzfristige Effekte setzt, z. B. bedeutsame fachliche Lernprozesse oder auch Erziehungsprozesse, wird häufig frustriert.

Möglich ist auch, dass Ihr/e Mentor/in durch Sie entlastet werden, weniger Unterricht selbst halten oder Konflikten mit der Klasse aus dem Weg gehen möchte. Als sehr unwahrscheinlich kann gelten, dass Ihr/e Mentor/in aus Geldsucht diesen Job angenommen hat. Die Vergütungen für die Mentorentätigkeit sind im Durchschnitt mehr als bescheiden, angesichts der Arbeit und Verantwortung eher als Witz zu bezeichnen.

Erwartungen der Schüler Wahrscheinlich stellen auch die Schüler/innen der Praktikumsklassen bestimmte Erwartungen an Sie. Von Praktikant/innen erwarten sie häufig einen spannenderen bzw. schülernäheren Unterricht, insgesamt eine Abwechslung von ihrem Schulalltag.

Je nach Klassenstufe können auch andere Aspekte eine wichtige Rolle spielen, wenn Sie z. B. als Frau in höheren Klassen unterrichten. Hier können Sie mitunter von einigen Jungen als potenzielle Partnerin wahrgenommen werden.

Mitunter wird auch berichtet, dass Klassen mit der Erwartung in eine Praktikumsstunde gehen, auszutesten, wie weit sie bei der Praktikantin bzw. dem Praktikanten gehen können und ob sie es wieder, wie beim letzten Praktikanten, schaffen, dass er aus Gründen massiver Disziplinstörungen wild rumbrüllt oder sogar weinend aus der Klasse läuft. Aber das sind wohl absolute Ausnahmen.

Wenn die Klasse schon häufiger Praktikant/innen hatte, ist es wahrscheinlich, dass die Schüler/innen recht professionell mit der Situation umgehen, Ihnen das Leben nicht allzu schwer machen und sich darauf einstellen, dass Sie nach vier Wochen wieder verschwunden sind.

Erwartungen des Direktors Der Schulleiter/die Schulleiterin als Ihr/e quasi schulische/r Vorgesetzte/r verbindet mit Ihnen in aller Regel auch einige Erwartungen: Vor allem sollen Sie ihm/ihr keine Probleme oder Arbeit machen – davon hat er/sie schon mehr als genug.

Die besten Praktikant/innen sind aus Sicht des Rektors fleißig und höflich. Sie fallen nicht sonderlich auf, fügen sich nahtlos in den Schulalltag und ins Kollegium ein, kümmern sich selbst um alle wichtigen Dinge, behelligen sie nicht mit Fragen, für deren Beantwortung der Rektor nicht zuständig ist (z. B. »Herr Machmann, könnten Sie mir sagen, wo ich Kreide finde?«), und geben eventuell einigen Kolleg/innen den einen oder anderen wichtigen methodischen Impuls oder Tipp.

Möglicherweise erwartet die Schulleitung auch von Ihnen, Aufgaben im außerunterrichtlichen Bereich in der Zeit Ihres Praktikums zu übernehmen (nach dem Motto: »Das gehört auch zum Lehrersein!«), so z. B. die Betreuung des Würstchenstandes beim Sportfest oder die Begleitung der Chaos-7c ins Museum zur Gewährleistung der öffentlichen Ordnung.

Lehrer vertreten? Was immer wieder vorkommt, ist, dass Sie als Praktikant/in, zum Beispiel wenn Ihr/e Mentor/in kurzfristig erkrankt ist, einzelne Stunden vertretungsweise übernehmen. Solche Vertretungsstunden sind explizit verboten. Trotzdem kommt es vor. Die Schulleitung verbindet solche Anfragen häufig mit einem unterschwelligen oder auch ganz offenen Lob nach dem Motto »Ich traue Ihnen das zu!«, andererseits haben Sie ein Recht darauf, nicht schulinterne Lücken füllen zu müssen.

Ganz abgesehen davon, dass auch die Schüler/innen ein Recht auf einen qualifizierten Unterricht haben. Von daher raten wir Ihnen, höflich, aber bestimmt solche Ansinnen zu verweigern. Das schließt nicht aus, dass Sie sich im Einzelfall mit guten Gründen für die Übernahme einer Vertretungsstunde entscheiden.

Erwartungen Dritter

Erwartungen der Kommilitonen Häufig werden Sie das Praktikum nicht alleine ableisten, sondern gemeinsam mit einem oder mehreren Kommiliton/innen. Wahrscheinlich haben diese auch konkrete und zugleich diffuse Erwartungen an ihr Praktikum und damit auch an Sie. Sie wollen zum Beispiel von Ihnen ein ehrliches Feedback zu ihrem unterrichtlichen und erzieherischen Wirken bekommen, sie stehen z. B. bei der Unterrichtsplanung auf Teamarbeit oder auf grenzenloses Einsiedlertum, sie möchten sich nicht vor Ihnen blamieren oder besser oder beliebter bei den Schüler/innen sein oder sich ganz einfach (obwohl das schwer ist!) einen faulen Lenz machen.

Da Unterrichten und Erziehen mehr als viele andere Berufe sehr viel mit den eigenen Stärken und Schwächen zu tun haben, werden diese im Laufe des Praktikums wahrscheinlich nicht nur bei Ihnen, sondern auch bei Ihren Kommiliton/innen mehr oder weniger deutlich sichtbar werden.

Erwartungen des Hochschulbetreuers Der Hochschulbetreuer hat ebenfalls vielfältige Erwartungen an Sie. Einerseits möchte er möglicherweise qualitativ hochwertigen Unterricht von Ihnen sehen, verbunden mit vielfältigen Sozialformen und Methoden. Betreuer der Universität sind entweder Erziehungswissenschaftler, Fachwissenschaftler oder Fachdidaktiker und sehen es häufig gerne, wenn sich ihre eigenen Theorien und Konzepte in Ihrem Unterricht bestätigt finden. Dann freuen sie sich sogar richtig. Andererseits sind Hochschulbetreuer/innen ja auch nur Menschen und wollen möglichst wenig Probleme mit Ihnen haben und lassen fünf auch mal gerade sein. Die Art der Betreuung, die man Ihnen angedeihen lässt, kann gravierend in Quantität und Qualität schwanken.

Erwartungen der Eltern Schließlich könnten auch noch die Erwartungen der Eltern eine Rolle spielen. Je nach Klassenstufe, Einzugsgebiet der Schule und Vorerfahrungen mit Praktikant/innen registrieren sie mehr oder weniger aufmerksam, wer ihre Söhne oder Töchter unterrichtet. In aller Regel haben Eltern die Erwartung, dass die Klasse weiter qualifizierten Unterricht erhält, dass in puncto Erziehungsstil, Arbeitsformen im Unterricht oder Hausaufgaben wenig experimentiert wird und die bisher gewohnten Regeln und Rituale weiterhin gelten. Aber auch hier bestätigen Ausnahmen die Regel.

Fazit Zusammengefasst heißt das: Im Laufe Ihres Schulpraktikums werden Sie mit vielfältigen Erwartungen konfrontiert, die sich teilweise ergänzen, teilweise aber auch ausschließen und widersprechen. Ihre Aufgabe ist also, diese Erwartungen wahrzunehmen, Ihre Rolle dabei bewusst zu reflektieren und vor diesem Hintergrund Ihre Praktikumszeit zu gestalten.

Flucht ... Viele Praktikant/innen sind in dieser Gemengelage an Erwartungen und Gefühlen geneigt, entweder die Flucht *vor* der Lehrerrolle oder die Flucht *in* die Lehrerrolle anzutreten. Beide Formen haben Vorteile, bergen aber auch Risiken.

... vor der Lehrerrolle Beim ersten Weg, der Flucht vor der Lehrerrolle, fühlen sich die Praktikant/innen eher wie Schüler/innen und nehmen den hospitierten oder selbst durchgeführten Unterrichtsablauf einseitig aus Sicht der Schüler/innen wahr. Im eigenen Unterricht werden dann dezidierte Anforderungen und Arbeitsanweisungen an die Schüler/innen vermieden, oder der Praktikant plant so offen, dass die Schüler/innen in vielen Phasen des Unterrichts spontan handeln können.

... in die Lehrerrolle Der zweite Weg ist das Gegenteil, nämlich die Flucht in die Lehrerrolle. Hier neigen Praktikant/innen dazu, die Arbeitsformen des späteren Berufsfeldes bruchlos zu adaptieren, d. h. beispielsweise den Stoffplan des Mentors zu übernehmen, viele Stunden zu geben, nur einzeln zu unterrichten oder auch relativ »streng« die Klasse zu führen. Beide Wege sind im Praktikum zu vermeiden.

Erwartungen an mein Schulpraktikum

[1] Was erwarte ich von diesem Schulpraktikum?

[2] Welche Gefühle habe ich, wenn ich an das bevorstehende Praktikum denke?

[3] Was möchte ich besonders lernen?

[4] Welche Aspekte sind für mich in diesem Praktikum sehr wichtig?

[5] Welche Aspekte sind für mich in diesem Praktikum nicht so wichtig?

[6] Welche Erwartungen habe ich gegenüber dem Mentor?

[7] Welche Erwartungen habe ich gegenüber dem Hochschulbetreuer?

[8] Welche Erwartungen habe ich gegenüber den Schüler/innen?

[9] Wie kann ich mich selbst einbringen?

[10] Was könnte mir im Verlauf des Praktikums eher leichtfallen?

[11] Was könnte mir im Verlauf des Praktikums eher schwerfallen?

[12] Was müsste passieren, damit ich am Ende mit dem Praktikum zufrieden bin?

Vorbereitung und Einstieg

Im Dschungel der Universität muss man an vieles denken: Seminare besuchen, Scheine machen, Hausarbeiten schreiben, Referate halten, Literatur recherchieren, Prüfungsthemen heraussuchen und eingrenzen etc. Und dies oft in unterschiedlichen Fächern bei unterschiedlichen Fakultäten und unterschiedlichen Regularien.

Vorbereitung Insofern ist es wenig verwunderlich, wenn ein Schulpraktikum zwar als willkommene Abwechslung in diesem Dschungel gesehen wird, gleichzeitig aber auch wenig Zeit und Ruhe bleiben, dieses Praktikum ordentlich vorzubereiten.

Dennoch raten wir Ihnen, auch die Vorbereitung auf das Praktikum als wichtigen Faktor für ein gelingendes Schulpraktikum zu sehen und zu gestalten.

Wann? Der erste Schritt ist die Entscheidung darüber, in welchem Semester das Praktikum absolviert werden soll. Sie müssen dazu die Studien- bzw. Prüfungsordnungen zur Hand nehmen und mit Ihrem persönlichen Studienverlauf in Verbindung bringen. Häufig ist ein abgeleistetes Schulpraktikum Voraussetzung dafür, in einem Fach oder Bereich weiterführende Veranstaltungen zu besuchen. Oder ein Praktikum muss zu einem bestimmten Zeitpunkt besucht worden sein. Oder es ist Voraussetzung zur Prüfungszulassung.

Wo? Im einen Fall werden Sie einer Schule und einem Mentor zugewiesen, im anderen Fall haben Sie die Möglichkeit, sich Schule und Mentor/in selbst auszusuchen, möglich ist auch, dass die Universität bzw. Pädagogische

Hochschule sich gar nicht oder nur im Worst Case um einen Schulpraktikumsplatz kümmert und Sie selbst aktiv werden müssen.

Kontakte nutzen Empfehlenswert ist unserer Erfahrung nach auf jeden Fall, die eigenen Möglichkeiten bei der Schulauswahl, so sie denn vorhanden sind, zu nutzen, d. h. zum Beispiel auch, vorhandene Kontakte zu Schulen (z. B. aus der eigenen Schulzeit) zu vertiefen, im eigenen Ort oder Stadtteil an die Schulen heranzutreten und zu fragen, ob hier die Ableistung eines Schulpraktikums möglich ist.

Im Ausland Sofern das möglich ist, raten wir Ihnen auch, ein Praktikum an einer Schule im Ausland in Erwägung zu ziehen. Nur sehr selten werden Sie als »fertiger« Lehrer solche Erfahrungen später machen können.

Vorbereitung an der Uni In aller Regel wird ein Schulpraktikum vonseiten der Universität in irgendeiner Weise vorbereitet, so z. B. in Form einer Vorbesprechung oder eines Seminars oder auch in Form von Arbeitsbögen und Begleitmaterialien, die Ihnen zur Verfügung gestellt werden. Sollte dies nicht der Fall sein, sind Sie auf die Unterstützung durch Ihren Mentor oder Rektor angewiesen. Und natürlich auf das Buch, das Sie gerade lesen.

Versicherung Im Rahmen Ihres Praktikums sind Sie unfall- und haftpflichtversichert. Dies gilt in aller Regel für alle möglichen und unmöglichen Fälle:

+ Sie verletzen sich während des Unterrichts dadurch, dass Ihnen die Wandkarte der USA auf die Schulter knallt.
+ Sie verlieren einen Schulschlüssel.
+ Sie verunglücken auf dem Weg zur Schule.

- Sie holen sich bei der Demonstration der Riesenfelge im Sportunterricht ein Schleudertrauma.
- Eine Ihrer Schülerinnen verbrennt sich am Bunsenbrenner, während Sie die Versuche beaufsichtigen.
- Ein Schüler schneidet sich während Ihres Werkunterrichts in den Finger.

Haftung Eine Haftung der für diese Fälle zuständigen staatlichen Unfallversicherung ist nur bei schuldhaftem Verhalten oder grober Fahrlässigkeit ausgeschlossen. In jedem Fall werden Sie ja ohnehin nie in Abwesenheit Ihres Mentors unterrichten. Dessen Aufgabe ist es auch, einzuschreiten, wenn es gefährlich wird oder Sie den Schüler/innen Dinge zumuten, die diese noch gar nicht leisten können.

Bewerbung

Möglichst früh Insgesamt möchten wir Ihnen raten, sich möglichst frühzeitig, d. h. mindestens vier bis sechs Wochen vor Praktikumsbeginn, mit Ihrer Praktikumsschule in Verbindung zu setzen.

Richtig telefonieren In der Regel ist zuerst die Sekretärin am Telefon. Lassen Sie sich dann mit der Schulleitung verbinden bzw. mit der Person, die von der Schulleitung für die Betreuung von Praktikant/innen beauftragt ist. In diesem Telefonat können Sie sich kurz mit Namen, Studiengang und Semesterzahl vorstellen und, sofern die Gesprächspartnerin dies auch wünscht, einen kurzen Vorstellungstermin an der Schule vereinbaren. Vielleicht weiß der Rektor jetzt schon, welcher Mentor für Sie vorgesehen ist. Wichtig könnte auch sein, schon vor dem offiziellen Praktikumsbeginn die vorgesehene Klasse kurz kennenzulernen. Je nach Situation können Sie im Telefonat auch kurz erläutern, welche konkreten Schwerpunkte Sie sich für dieses Praktikum wünschen.

Vorbesprechung Entweder vor dem Praktikum oder zu Beginn wird es dann je nach schulischen Gegebenheiten vor Ort ein kürzeres oder längeres Gespräch mit dem Mentor und dem Rektor geben, in dem das Praktikum inhaltlich und organisatorisch vorbesprochen wird.

Vorgaben der Uni Hier sollten Sie einerseits auf die universitären Vorgaben in Form von Verordnungen, Leitlinien oder Begleitmaterialien und Formularen eingehen. Häufig ist darin geregelt, in welchem Anteil Hospitationen und eigener Unterricht gewichtet sind, wie viele Stunden Sie beispielsweise selbst unterrichten müssen oder in welchem Ausmaß und welcher Form das Praktikum vorbereitet, begleitet und ausgewertet werden muss.

Oft wird obligatorisch vonseiten des universitären Praktikumsamtes von Ihnen ein Gesundheitszeugnis bzw. ein Tbc-Test beim Gesundheitsamt verlangt. Wichtig ist für den Mentor z. B. auch, wann und wie oft jemand von der Universität kommt oder ob der Mentor das Praktikum nur bescheinigen (Teilnahme bzw. Erfolg) oder aber verbal oder mit einer Note begutachten muss.

Sie sollten außerdem klären, ob Sie eine schriftliche Ausarbeitung oder einen Unterrichtsentwurf schreiben müssen und welche Vorschriften oder Vorschläge dazu existieren.

Eigene Wünsche Andererseits bietet ein solches Gespräch auch die Möglichkeit, dass Sie von sich aus eigene Wünsche und Interessen einbringen. Vielleicht haben Sie besondere Vorlieben, was die Klassenstufe, die Fächer oder auch die Unterrichtsthemen anbelangt.

Möglicherweise haben Sie in Pädagogischer Psychologie ein Seminar zu »ADS und Hyperaktivität im Kindesalter« gemacht und möchten nun diese Seminarerfahrungen kombinieren mit gezielten Beobachtungen in einer Klasse.

Oder Sie möchten in möglichst unterschiedlichen Klassenstufen hospitieren und unterrichten und benötigen damit weitere Kolleg/innen, bei denen Sie dies verwirklichen können.

Schwerpunkte setzen Hilfreich könnte es sein, sich vor dem Praktikum auch zu überlegen, welche Schwerpunkte Sie in diesen vier Wochen oder 13 Vormittagen setzen möchten, und diese Überlegungen auch frühzeitig zu äußern.

Beispiel 1 So könnte es für die einen interessant sein, Formen offenen Unterrichts an dieser Schule zu erkunden, in solchen Klassen gezielt zu hospitieren und zu unterrichten und in diesem Bereich auch mit anderen Kolleg/innen zusammenzuarbeiten.

Beispiel 2 Andere möchten ein didaktisches Seminar zum Thema »Phrasierung des Unterrichts« vertiefen und sind nun gespannt darauf, in welcher Weise ein/e Lehrer/in in verschiedenen Klassenstufen beim Unterrichten bestimmte Lehr-Lern-Phasen gestaltet.

Beispiel 3 Für wieder andere könnte ein Schwerpunkt darauf liegen, das Berufsfeld eines Lehrers möglichst umfassend kennenzulernen. Das könnte z. B. bedeuten, auch einmal bei der Planung von Unterricht oder der Korrektur von Klassenarbeiten am häuslichen Schreibtisch zu hospitieren oder auch mal einem Elterngespräch oder einer Konferenz beizuwohnen.

Beispiel 4 Und schließlich könnte es beispielsweise interessant sein, nach einem Spiralcurriculum zu forschen, d. h. in unterschiedlichen Klassenstufen danach zu fragen, wie ein Inhalt, Themenbereich oder Arbeitsbereich eines Faches didaktisch jeweils modelliert ist, wie also z. B. mit geometrischen Figuren in einer 3. Klasse, einer 7. Klasse und einer 10. Klasse gearbeitet wird und wie diese Unterrichtseinheiten aufeinander aufbauen.

Erwartungen der Schule Es ist darüber hinaus notwendig, die Rektorin und den Mentor zu fragen, was diese von Ihnen erwarten, welche Erfahrungen sie bisher mit Praktikant/innen gemacht haben und welche Hinweise und Tipps, vielleicht auch Literaturtipps, sie Ihnen geben würden.

So gibt es immer wieder Mentor/innen, die ihren Ausbildungsauftrag nach dem Prinzip »Sprung ins kalte Wasser« begreifen, andere haben gute Erfahrungen mit einem dosierten Heranführen an das Unterrichten gemacht, z. B. durch begrenzte Teilaufgaben, Betreuung einer Gruppenarbeit, Planung und Gestaltung einer Unterrichtsphase. All dies sollten Sie in diesem Vorgespräch möglichst genau abklären.

Kontaktdaten notieren Bereits jetzt, vor Beginn des Praktikums, sollten Sie sich die Anschrift und Telefonnummer der Praktikumsschule notieren, damit Sie im Krankheitsfall schnellstmöglich, d. h. morgens vor Beginn des Unterrichts, Ihren Mentor, gegebenenfalls auch die Schulleitung und den Betreuer der Hochschule, informieren können.

Pflöcke einschlagen Mit all diesen Überlegungen, Gefühlen und Reflexionen werden Sie sich seelisch-moralisch auf Ihr Schulpraktikum vorbereiten und sich auf den ersten Praktikumstag (mehr oder weniger) freuen. Dieser erste Praktikumstag ist aus unserer Sicht besonders wichtig, hier werden die ersten Pflöcke mit dem Mentor, ihrer Klasse, dem Uni-Betreuer oder auch mit dem Rektor eingeschlagen.

Sie sollten daher pünktlich zum verabredeten Treffpunkt erscheinen (am besten eine Viertelstunde vorher), die notwendigen Unterlagen dabeihaben und Schreibzeug zur Unterrichtsbeobachtung oder auch zum Notieren der wichtigsten Vereinbarungen mit Ihrem Mentor.

Termine machen Ganz wichtig ist: Terminkalender nicht vergessen. Gerade in den von der Universität betreuten Praktika wird am ersten Praktikumstag entschieden, wer wann unterrichtet. Diese Termine sollten Sie mit anderen Terminen abgleichen, um z. B. unnötige Arbeitsverdichtungen zu vermeiden oder noch zum 70. Geburtstag Ihrer Oma gehen zu können oder aber um Ihre private Beziehung nicht aufs Spiel zu setzen.

Klasse kennenlernen Spätestens am ersten Praktikumstag werden Sie die Klasse/n kennenlernen, in der/denen Sie hospitieren und unterrichten werden. Viele Mentor/innen, gerade solche, die schon längere Zeit Praktikant/innen betreuen, führen beim ersten gemeinsamen Kennenlernen unterschiedliche Formen und Rituale durch.

In der Grundschule In der Grundschule ist es vielleicht üblich, dass die ganze Klasse mit Mentor/in und Praktikant/innen im Stuhlkreis zusammensitzt und jede/r sich kurz vorstellt. Oder die Klasse erzählt, was sie in der letzten Woche gelernt hat.

Fragerunde Oder die Schüler/innen haben die Möglichkeit, die neuen Praktikant/innen zu befragen. Beliebt sind dabei unserer Erfahrung nach nicht nur die üblichen Fragen nach harten Fakten (Wie heißen Sie? Wie alt sind Sie? Wo wohnen Sie? Welche Hobbys haben Sie?), sondern mitunter auch Fragen, die ans Eingemachte gehen (Sind Sie verheiratet? Haben Sie Kinder? Warum wollen Sie Lehrer/in werden?). Am besten, Sie sind nett und aufgeschlossen und antworten wahrheitsgemäß (sofern Ihnen das möglich erscheint).

Von Hobbys erzählen Viele Kinder und Jugendliche interessieren sich zum Beispiel für besondere Hobbys von Ihnen: Also, wenn Sie Briefmarken sammeln (längst wieder cool!) oder Motorrad fahren, wenn Sie eine Sportart ausüben oder ein Instrument spielen: Am besten, Sie erzählen davon, und wenn Sie merken, dass alle Schüler/innen Ihnen gebannt lauschen, erzählen Sie mehr davon.

Vielleicht können Sie dann im Verlauf des Praktikums mal etwas mitbringen oder ein Musikstück vorspielen. So werden die Schüler/innen erfahren, dass Sie nicht »nur« Praktikant/in oder Student/in sind, sondern auch ein Mensch mit besonderen Vorlieben, mit einem unverwechselbaren Profil.

In der Sek. I und II In der Sekundarstufe I und II werden die ersten Kontakte zwischen Ihnen und den Schüler/innen wohl eher zurückhaltender verlaufen. Aber auch hier kann man sich kurz vorstellen, oder Sie machen mit der Klasse ein Ratespiel, bei dem die Schüler/innen Ihr Hobby oder eine Besonderheit von Ihnen erraten müssen. So oder so – wir würden Ihnen empfehlen, mit dem Mentor gemeinsam, am besten bereits vor dem Praktikum, zu überlegen, wie das Kennenlernen zwischen Ihnen und der Klasse gelingend gestaltet werden kann.

Schul-VIPs Darüber hinaus sollten Sie spätestens zu Beginn des Praktikums Kontakt mit weiteren wichtigen Personen der Schule aufnehmen, so z. B. mit der Schulsekretärin oder dem Hausmeister.

Wo besprechen? Eine zwar primär organisatorische, aber dennoch sehr wichtige Frage Ihres Praktikums wird sein, an welchem Ort Ihre Besprechungen mit dem Mentor stattfinden werden. An vielen Schulen ist es üblich, dass auch Praktikant/innen wie alle anderen Lehrer/innen einen Zugang, zuweilen auch einen Schlüssel, zum Lehrerzimmer haben.

Rituale im Lehrerzimmer Lehrerzimmer sind, psychologisch gesehen, hochkomplexe und ritualisierte Räume. Sie dienen als Rückzugsraum vor der Horde der Schüler/innen, sind Ort der Kooperation, des Austauschs, aber auch des Kampfes, der Fettnäpfe, der Rivalität und der gezielten verbalen oder nonverbalen Verletzung.

Gast bleiben Sofern Sie sich also mehr oder weniger regelmäßig im Lehrerzimmer aufhalten, sollten Sie versuchen, die Tiefenpsychologie des Lehrerzimmers sensibel zu erkunden und sich als Gast zu verhalten. Das bedeutet z. B., dass Sie warten, bis Ihnen ein Stuhl zugewiesen wird. Oder Sie stellen sich kurz bei den anwesenden Kolleg/innen vor und fragen, ob dieser Platz noch frei ist. Häufig gibt es ein seltsames Phänomen in Lehrerzimmern: Alle Kolleg/innen sagen: »Bei uns gibt es keine festen Plätze. Setzen Sie sich doch einfach hin.« Trotzdem werden Sie kurz darauf von einem dazukommenden Kollegen mit Blicken taxiert, die auf eine schwere Regelverletzung Ihrerseits hindeuten. Am besten, Sie halten sich an die Hinweise Ihres Mentors und setzen sich ein wenig abseits, d. h. zum Beispiel in die »zweite Reihe« hinter Ihren Mentor.

An anderen Schulen ist die Anwesenheit der Praktikant/innen im Lehrerzimmer nicht vorgesehen, vielleicht auch explizit nicht erwünscht. In diesem Falle werden Sie sich mit Ihrem Mentor entweder durchgängig im Klassenzimmer oder in einem besonderen Besprechungsraum, z. B. der Lehrerbücherei oder einem nicht genutzten Raum aufhalten und dort die Stunden vorbereiten und nachbesprechen.

Sechs grundlegende Tipps fürs Schulpraktikum

[1] Stellen Sie sich mental auf das Praktikum ein und reflektieren Sie genau die eigenen Ansprüche. Bedenken Sie: Kein Praktikant kann in der kurzen Zeit eine Klasse umkrempeln. Bleiben Sie also mit Ihren Erwartungen an sich selbst realistisch. Perfektionismus ist dabei eher hinderlich. Begreifen Sie das Praktikum als Chance und Phase intensiver Erfahrungen. Hospitieren und unterrichten Sie so viel wie möglich, beteiligen Sie sich am Schulleben und nutzen Sie diese einmalige Zeit eigener Lernerfahrungen aus.

[2] Entwickeln und trainieren Sie im Laufe Ihres Praktikums einen forschenden Blick auf Unterricht. Differenzieren Sie Ihr Beobachtungsinstrumentarium, Ihre Kategorien zur Beschreibung, Analyse und Interpretation unterrichtlicher Interaktionen.

[3] Suchen Sie den Kontakt mit den Kindern und Jugendlichen, auch außerhalb des Unterrichts. Viele von ihnen sind sehr offen und mitteilsam. Befassen Sie sich genauer mit ihrer familiären Situation, ihrer Freizeitgestaltung, ihren Interessen und auch damit, wie sie Schule erleben und mit der Schule umgehen. Sie werden viel dabei lernen.

[4] Testen Sie, auch gegen Widerstände, methodisch-didaktische und pädagogische Grenzen aus. Haben Sie Mut, auch ungewöhnliche Themen einzubringen und

neue Lernwege mit den Schüler/innen zu beschreiten. Unterrichten Sie wenn möglich in zusammenhängenden Sequenzen oder Unterrichtseinheiten. Lassen Sie sich nicht gleich entmutigen, wenn etwas nicht so klappt, wie Sie es sich gewünscht haben.

[5] Das Praktikum ist Teil Ihrer Ausbildung. Logisch, dass Sie vieles erst lernen müssen. Erklären Sie Misserfolgserlebnisse und Frustrationen nicht primär durch eigenes Versagen und nehmen Sie auch persönliche Lernprozesse und positive Entwicklungen wahr. Registrieren Sie bewusst, wenn etwas schon besser geklappt hat als im letzten Praktikum oder in den ersten Stunden des jetzigen Praktikums.

[6] Setzen Sie, auch wenn es Ihnen selbst zuweilen schwerfällt, Grenzen im Umgang mit Schülerinnen und Schülern und versuchen Sie, ein verlässlicher Lehrer zu sein, bei dem die Schüler/innen wissen, woran sie sind. Verzichten Sie darauf, sich von den Schüler/innen duzen zu lassen, und belassen Sie es bei der distanzierteren Sie-Form.

Versuchen Sie, auch einmal »Nein« zu sagen, wenn Kollegen und Schulleiter etwas von Ihnen wollen und Ihnen die Arbeit über den Kopf wächst. Lieber einige Sachen richtig machen, als vieles nur halb. Es allen recht machen zu wollen schafft Probleme – vor allem für Sie.

Der Mentor als zentrale Bezugsperson

Für Sie als Praktikant/in spielt Ihr Mentor oder Ihre Mentorin eine zentrale Rolle. Der Mentor bietet nicht nur unterrichtliches und erzieherisches Modell-Handeln, das Sie gezielt beobachten und analysieren bzw. auch an dem Sie sich abarbeiten können, sondern er ist auch, glaubt man den wissenschaftlichen Studien zur Wirkung des Schulpraktikums, zum großen Teil dafür verantwortlich, ob Sie das Praktikum als gewinnbringend erleben werden. Darüber hinaus spielt er auch mitunter bei der Frage eine Rolle, welche eigenen Handlungsprinzipien und Leitlinien Sie als spätere/r Lehrer/in haben.

Gleichgültig, ob der Mentor Ihnen zugeteilt wurde oder Sie selbst auf ihn zugekommen sind, ihn vielleicht sogar schon von früheren Praktika oder Ihrer eigenen Schulzeit kennen, werden Sie feststellen: Das Verhältnis zwischen ihm und Ihnen ist häufig sehr sensibel und nicht immer frei von Störungen.

Misstrauische Mentoren Dass die Kooperation mit Mentor/innen zuweilen schwierig ist, kann viele Gründe haben. Vielleicht wurde der Mentor gegen seinen Willen zu dieser Tätigkeit verpflichtet (die Deputatsermäßigung oder der Gehaltszuschuss dafür ist häufig sehr gering), vielleicht hat er überhaupt keine Lust oder Kraft, Sie anzuleiten, vielleicht ist er auch eifersüchtig darauf, dass die Schüler/innen lieber von der »jungen Kollegin« unterrichtet werden, vielleicht wird er durch Sie daran erinnert, dass er schon viel älter ist als damals, vielleicht befürchtet er, Sie würden seine Klasse »versauen«, vielleicht hat er große Einwände gegen diese neuen Unterrichtsmethoden und verfolgt Ihre Unterrichtsbemühungen mit einer Mischung aus Wut und Angst.

Verhältnis entspannen Vor diesem Hintergrund ist es empfehlenswert, nicht selbst zu einem gespannten Verhältnis beizutragen. Das ist nicht immer einfach. Vielleicht bringen Sie bewusst oder unbewusst zum Ausdruck, dass Sie vieles besser können und wissen, vielleicht erwarten Sie so viel von ihm, dass er nur verlieren kann.

Den Mentor loben Ratsam ist es aus unserer Erfahrung, sich offen und kollegial zu verhalten. Seien Sie freundlich zu Ihrer Mentorin und loben Sie sie für gelungene Unterrichtsphasen. Auch wenn Sie bei der Hospitation viele Dinge beobachtet haben, die Sie wenig gelungen finden oder sogar als schlecht ansehen – in jeder Stunde gibt es Dinge, die Ihre Mentorin gut gemacht hat. Vielleicht war das eine Gesprächsphase oder eine Präsentation oder eine erzieherische Maßnahme.

Und bedenken Sie, dass Ihre Mentorin in der Regel seit vielen Jahren im Beruf ist und damit ein großes Maß an Erfahrung und Routinen hat. Sie werden häufig merken: Lehrer/innen sind im Grunde sehr sensible Wesen und schnell beleidigt oder eingeschnappt, wenn man sie kritisiert. Andererseits geht ihnen das Herz auf, wenn sie gelobt werden (denn das werden sie nur selten oder nie!).

Den Mentor unterstützen Unterstützen Sie Ihren Mentor bei der Beschaffung von Materialien und Medien und hospitieren Sie bei ihm so, dass er gute Gründe hat, Sie wieder in seinen Unterricht einzuladen. Das Verhältnis kann auch dadurch lockerer werden, dass man sich einmal außerhalb der Schule trifft.

Manchmal ist das Verhältnis zwischen Mentor und Praktikant/in so schwierig, dass gar nichts mehr geht, Sie aneinander vorbeireden, auch persönlich nicht miteinander klarkommen, dass Sie der Umgang mit ihm mehr belastet als unterstützt. Dann versuchen Sie, sich elegant und schrittweise zurückzuziehen und das Praktikum anständig zu ertragen.

In anderen Klassen hospitieren Häufig wird sich Ihr Praktikum nicht darauf beschränken, nur mit einem Lehrer, Ihrem Mentor, in dessen Klasse zu gehen, sondern Sie werden gegebenenfalls auch in anderen Klassen bzw. bei anderen Lehrerinnen hospitieren oder unterrichten wollen. Die Kontakte dazu kann entweder Ihr Mentor herstellen, indem er zu seinem Kollegen sagt: »Du, mein Praktikant, der Herr Sauer, möchte gerne mal nächste Woche eine Physikstunde in deiner 9. Klasse sehen, wäre das möglich?«

Kollegen ansprechen Denkbar ist auch, dass der Rektor sich um solche Kontakte kümmert. Häufig aber wird es an Ihnen liegen, selbst aktiv zu werden und die betreffenden Kolleginnen gezielt anzusprechen. Dabei empfiehlt es sich, die situativen Bedingungen für ein solches Gespräch möglichst positiv zu gestalten. Eine hektische große Pause eignet sich in aller Regel ebenso wenig dafür wie die Anfrage während einer Unterrichtsstunde oder kurz vor einem kritischen Elterngespräch. Am besten, Sie gehen freundlich und höflich und vor allem frühzeitig, d.h. mindestens ein paar Tage vorher, auf den jeweiligen Kollegen zu und schildern kurz Ihren Wunsch.

Lehrerkooperation ... Sie werden dabei möglicherweise wichtige Erfahrungen im Bereich Lehrerkooperation machen. Dass heutzutage zur Lehrerprofessionalität auch kollegiale Kooperation gehört, wird niemand bestreiten. Nicht nur, weil der fachliche und persönliche Austausch untereinander weiterhilft und entlasten kann, sondern auch, weil Lehrer/innen schlecht etwas von Schüler/innen erwarten können, nämlich Teamarbeit, was sie selbst nicht kennen und vorleben.

Die Kooperationspraxis in deutschen Lehrerzimmern ist allerdings noch immer ein zartes Pflänzchen. Die Regel ist der mehr oder weniger kontinuierliche Austausch zweier oder mehrerer Kolleg/innen, meist auf Klassenstufen- oder Fachebene, im Bereich der Unterrichtsplanung.

... vs. Einzelkämpfertum Dennoch: Lehrer/innen sind in den allermeisten Fällen Einzelkämpfer, sie haben seit Jahren weder anderen Lehrer/innen beim Unterrichten zugesehen und ihnen Tipps gegeben, noch wurden sie im eigenen Unterricht besucht und kollegial beraten. Die Unterrichtsvorbereitung geschieht am häufigsten daheim alleine am Schreibtisch. Supervision und Beratung anzufordern gilt noch immer in vielen Lehrerkollegien als Schmach und Eingeständnis einer Niederlage, nicht als Bestandteil von Professionalität.

Teamteaching ist die absolute Ausnahme. Und die vorschriftsmäßigen Kooperationen in Form von Konferenzen sind häufig eine Mischung aus Belanglosigkeiten, Monologen und fiesen Ränkespielen.

Woran liegt's? An der starren Zeitstruktur des Unterrichtsvormittags? An der Angst, sich zu öffnen, zu viele Schwächen zu zeigen? An der Bequemlichkeit der Kolleg/innen? Oder an der verbreiteten Nichteinmischungsnorm, die Kollegialität mit dem Grundsatz verwechselt »Lass mich in Ruhe, dann lass ich dich auch in Ruhe«?

Paradigmenwechsel Mittlerweile haben viele Lehrer/innen und ganze Kollegien gemerkt, dass der Weg zu besserem Unterricht, zu einer besseren Schule über die stärkere Kooperation im Kollegium führt. Und dass man sich nicht zu lieben braucht, um professionell und gut miteinander zu arbeiten. Dass Teamarbeit zwar Zeit benötigt, anstrengend ist und die Aufgabe von bisherigen Positionen bedeutet, aber man dabei auch wertvolle Erfahrungen machen und zufriedener arbeiten kann.

Schule erkunden, beobachten lernen

Die Funktion eines Schulpraktikums besteht darin, Ihnen die Möglichkeit zu geben, sich intensiv und konkret-handelnd mit Ihrem zukünftigen Berufsfeld auseinanderzusetzen. Ein zentraler Baustein Ihres Schulpraktikums wird sein, die Schule zu erkunden, zu hospitieren und Unterricht gezielt zu beobachten. Besonders in der ersten Zeit des Praktikums werden Sie weit mehr beobachtend und erkundend teilnehmen, als selbst Unterricht zu halten.

Wie früher? Wenn Sie zum ersten Mal als zukünftige/r Lehrer/in in eine Schule kommen, bemerken Sie auf der einen Seite sicher vieles, was Ihnen noch aus Ihrer eigenen Schulzeit bekannt ist: der Lärm auf dem Schulhof und den Gängen, die leisen Stimmen aus den einzelnen Klassenzimmern, den Geruch des Fußbodens, bestimmte Arbeitsanweisungen des Mentors im Unterricht, Ermahnung und Lob, die Erarbeitung von Unterrichtsinhalten im lehrerzentrierten Unterrichtsgespräch. Andere Aspekte drängen sich nun in Ihre Wahrnehmung, die bislang für Sie mehr oder weniger unbekannt waren: die konzentrierte Hektik im Lehrerzimmer, das Aufgabenfeld des Rektors, die alten Bücher und Ordner in der Lehrerhandbibliothek, der Kontakt mit Eltern.

Gezielt wahrnehmen Sie werden in jedem Augenblick Ihres Schulpraktikums viele unterschiedliche Wahrnehmungen gleichzeitig haben und doch bestimmte Wahrnehmungen in den Fokus stellen, andere in den Hintergrund rücken oder ausblenden. Dieses gezielte Wahrnehmen lässt sich als Beobachten bezeichnen.

Beobachten = subjektive Theorie Jedes Beobachten richtet sich auf ein Thema und ist verbunden mit einer subjektiven Theorie. Ein Beispiel: Sie beobachten im Schulhaus, dass einige Schüler/innen ausgetrunkene Capri-Sonne-Tüten auf den Boden werfen, obwohl es an vielen Stellen Abfalleimer gibt. Ihre subjektive Theorie könnte nun so lauten: »Die Schüler/innen dieser Schule haben keine positive Grundstimmung zu ihrer Schule«, oder vielleicht auch: »Die Lehrer/innen dieser Schule sind inkonsequent und kein gutes Vorbild.«

Je nachdem, welche weiteren Beobachtungen Sie machen, wird sich Ihre subjektive Theorie verändern. Möglicherweise lassen Sie auch im Rahmen des Schulpraktikums bestimmte subjektive Theorien gänzlich fallen.

Teil des pädagogischen Prozesses Das Beobachten von sozialen Vorgängen ist nicht nur ein wichtiger Bereich Ihres Schulpraktikums, sondern auch ein Strukturelement jedes pädagogischen Prozesses. Ohne gezieltes Beobachten sind keine diagnostischen oder bewertenden Einschätzungen möglich, ohne begründete Bewertung gibt es keine Rechtfertigung für die Vielzahl an größeren oder kleineren Entscheidungen, Lob, Ermahnung, Noten, Versetzung, die von Lehrer/innen getroffen werden.

Neutral beschreiben In aller Regel wird es im Laufe Ihres Praktikums nicht dabei bleiben, bestimmte Interaktionen oder Prozesse wahrzunehmen oder zu beobachten. Sie werden zum Beispiel in der Nachbesprechung einer Stunde das Verhalten des Lehrers oder eines Schülers auch möglichst neutral beschreiben müssen, um auf dieser Grundlage und unter Einbeziehung Ihrer subjektiven Theorien sowie externer Quellen (Auskunft der Mentorin, Beobachtungen und Einschätzungen der anderen Praktikant/innen oder der Uni-Betreuerin) mögliche Analysen und Interpretationen vorzunehmen.

Rahmenbedingungen erkunden Schule und Unterricht sind eingebettet in konkrete räumliche, soziale, kulturelle und politische Zusammenhänge, die für die meisten Schüler/innen und Lehrer/innen, die schon lange an dieser Schule sind, völlig selbstverständlich und normal sind, die aber jemand von außen zuweilen viel bewusster wahrnehmen und analysieren kann.

Kontexte erkennen Insofern kann es für Sie als Mensch von außen gerade von Vorteil sein, folgende Aspekte unter die Lupe zu nehmen:

+ Art und Profil der Schule
+ Einzugsgebiet der Schule
+ Schulgebäude
+ Geschichte der Schule
+ außerunterrichtliche Aktivitäten
+ innerschulische Organisation, Abläufe und Zuständigkeiten
+ Schulleben, Community
+ Lehrpläne
+ Schulbücher
+ Freizeitaktivitäten der Schüler/innen
+ Elternarbeit
+ Pausenhof
+ Schulwege der Schüler/innen

Vier Zugänge Dabei können Sie sehr unterschiedlich vorgehen. Die Forschungsmethodologie unterscheidet zum Beispiel die folgenden Aspekte von Beobachtung, hier jeweils dargestellt als Gegensatzpaar:

+ Teilnehmende vs. nicht teilnehmende Beobachtung
Bei der teilnehmenden Beobachtung sind Sie in die soziale Interaktion eingebunden, zum Beispiel als Praktikant/in beim Unterrichten. Bei der nicht teilnehmenden Beobachtung dient die Teilnahme ausschließlich dem Beobachten. Insofern zählt man alle Möglichkeiten der audiovisuellen Aufzeichnung von Prozessen und auch von Unterricht (durch Video, Film, Tonband) zu den nicht teilnehmenden Beobachtungen.

+ Offene vs. verdeckte Beobachtung Wenn offen beobachtet wird, wissen die beobachteten Personen, dass sie beobachtet werden, und kennen die Absicht oder Funktion des Beobachters. Bei einer verdeckten Beobachtung gilt das nicht. Für die Entscheidung, ob Sie eine offene oder eine verdeckte Beobachtungsform wählen, spielen immer normativ-ethische und forschungspraktische Aspekte eine Rolle. Es kann zum Beispiel sehr nützlich sein, wenn Sie in einer Stunde nur eine Schülerin gezielt und fortwährend beobachten, ohne dass diese Schülerin dies vorher weiß. Die Ergebnisse der Beobachtung sind hier oft authentischer. Andererseits sind auch immer die Persönlichkeitsrechte der beobachteten Personen zu wahren.

+ Quantitative vs. qualitative Beobachtung Bei der quantitativen oder strukturierten Beobachtung geht es darum, nach einem zuvor relativ klar festgelegten Kategoriensystem (Beobachtungsbogen; Strichliste etc.) vorzugehen. Es sollten die Testgütekriterien der Pädagogischen Psychologie »Objektivität«, »Reliabilität« und »Validität« angestrebt werden. Ihre Ergebnisse sollten also unabhängig von Ihrer Person sein (»Objektivität«), möglichst fehlerfrei zustande gekommen sein, im Idealfall bei Wiederholung zu denselben Ergebnissen führen (»Reliabilität«) und schließlich das messen, was gemessen werden soll (»Validität«). Qualitative Beobachtungen sind ebenfalls planmäßig, ihre Dokumentation erfolgt jedoch in freier Form. Sie dienen in der Wissenschaft vor allem der ersten Erkundung und Abklärung eines Forschungsfeldes und der Entwicklung und Bildung vorläufiger Hypothesen.

+ Fremd- vs. Selbstbeobachtung Bei der Fremdbeobachtung beobachten Sie andere Personen in sozialen Prozessen, bei der Selbstbeobachtung beobachten Sie sich selbst während und nach der Interaktion.

In Ihrem Schulpraktikum werden Sie überwiegend mit teilnehmenden, offenen und unstrukturierten Fremdbeobachtungen arbeiten. Darüber hinaus wird es sicher immer wieder Situationen geben, wo auch nicht teilnehmende, verdeckte Beobachtungen sinnvoll sind. Vor allem wenn Sie selbst unterrichten, werden Sie mit sehr intensiven Selbstbeobachtungen konfrontiert sein.

Beobachtungsperspektiven

Der erste Teil Ihres Praktikums wird davon geprägt sein, dem Unterricht beizuwohnen und ihn zu beobachten. Da Unterricht hochkomplex ist, strömen bei der Beobachtung eine Unmenge von Informationen und Eindrücken auf Sie ein.

Beispiel In einem Moment des Unterrichts gibt der Lehrer vor der Tafel eine Arbeitsanweisung zur bevorstehenden Partnerarbeit, während Jessica von hinten links leise sagt: »Hab ich nicht verstanden!«, die erste Bankreihe mit Simone, Volkan, Ayse und Burim schon mit der Arbeit beginnt (weil sie gewusst oder geahnt haben, was kommt), und hinten rechts sind zwei Schüler damit beschäftigt, imaginäre Schiffe zu versenken.

Gelenkstelle Der Verlauf und das Ergebnis dieser kurzen Phase des Unterrichts während der Arbeitsanweisung des Lehrers, diese sogenannte »Gelenkstelle«, können maßgeblich über Verlauf und Ergebnis der kommenden Partnerarbeit entscheiden, können entscheiden, ob die Mehrheit der Schüler/innen das Lernziel dieser Stunde erreicht oder aber nicht. Dabei haben wir noch gar nicht alle Schüler/innen und alle weiteren Unterprozesse des Unterrichts, schon gar nicht die Rahmenbedingungen von Unterricht, bei dieser Momentaufnahme berücksichtigt.

Wer also als Praktikantin mit Gewinn an diesem hochkomplexen Geschehen teilnehmen will, muss einerseits Aspekte oder Bereiche auswählen, die beobachtet werden sollen, andererseits Methoden zur Beobachtung anwenden können und schließlich über Begriffe und Konzepte verfügen, um diese Beobachtungen zu analysieren und zu interpretieren.

Der wichtigste Erkundungs- und Beobachtungsbereich wird in Ihrem Schulpraktikum auf jeden Fall der Unterricht sein.

Was können Sie im Unterricht alles beobachten? Hier eine Übersicht über mögliche Beobachtungsfelder.

Beobachtungsperspektive Lehrerhandeln

Präsentieren von Inhalten

+ In welchen Schritten wird der Inhalt von der Lehrerin/dem Lehrer dargeboten?
+ Welche Hilfsmittel benutzt sie/er?
+ Werden Sachverhalte altersangemessen erklärt?

Lehrersprache

+ Wie sind die Gesprächsanteile zwischen Lehrer/in und Schüler/innen verteilt?
+ Wie schnell bzw. langsam spricht der Lehrer?
+ Wie deutlich spricht der Lehrer?
+ Sind dialektale Einflüsse zu beobachten? In welchen Situationen?
+ Auf welchen Sprachebenen spielt sich die Lehrersprache ab?
+ Wie führt der Lehrer ein Unterrichtsgespräch?

Körpersprache: Mimik, Gestik, Proxemik

+ Welche Impulse werden nonverbal gegeben?
+ Wie ermahnt oder lobt der Lehrer mimisch und gestisch?

+ Berücksichtigt der Lehrer die Distanzzonen bei seinem proxemischen Verhalten?
+ Wie bewegt sich der Lehrer im Raum?
+ Wie intensiv gestaltet der Lehrer den Blickkontakt zu den Schüler/innen?

Steuerung durch Fragen, Impulse, Vermittlungshilfen

+ Welche Fragen stellt die Lehrerin/der Lehrer?
+ Welches kognitive Niveau wird bei den Fragen des Lehrers angesprochen?
+ Welche Arbeitsanweisungen stellt der Lehrer?
+ Welche Impulse gibt der Lehrer?
+ Welche Vermittlungshilfen erhalten alle, welche nur Teile der Klasse?

Sozialformen, methodisches Vorgehen und Medieneinsatz

+ In welchen Sozialformen findet der Unterricht statt?
+ Wie wird der Übergang von einer Sozialform zur nächsten gestaltet?
+ Welche Unterrichtsmethoden werden ausgewählt?
+ Welche Sozialformen und Methoden werden häufig, welche kaum oder gar nicht gewählt?
+ Wie wird der Übergang von einer Methode zur anderen gestaltet?
+ Welche Medien werden in der Stunde eingesetzt?
+ Wie routiniert ist der Lehrer beim Medieneinsatz?

Verhalten in Konfliktsituationen

+ Welche potenziellen Konfliktsituationen nimmt die Lehrerin/der Lehrer wahr?
+ Wie reagiert sie/er darauf?

+ Ändert sich im zeitlichen Verlauf die Reaktion auf Konflikte oder Unterrichtsstörungen?

Gerechtigkeit und Gleichbehandlung
+ Behandelt der Lehrer die Schüler/innen eher gleich oder eher ungleich?
+ Welche Schüler/innen werden gegebenenfalls bevorzugt oder benachteiligt?
+ Behandelt der Lehrer Mädchen und Jungen gleich?
+ Ruft der Lehrer gerecht auf?
+ Lobt bzw. ermahnt der Lehrer gerecht?
+ Sind Vorlieben und Abneigungen des Lehrers für bestimmte Schülertypen zu beobachten?

Lehrerpersönlichkeit
+ Wo und wie zeigen sich im Unterricht Freundlichkeit und Hilfsbereitschaft der Lehrerin/des Lehrers?
+ Wo und wie ist der Lehrer authentisch, wo nicht so sehr?
+ Wo und wie fördert die Lehrerin die Selbstständigkeit der Schüler/innen?
+ Wo und wie wirkt der Lehrer überzeugend, wo nicht?

Beobachtungsperspektive Schülerhandeln

Mitarbeit bzw. Beteiligung im Unterricht
+ Wie beteiligt sich die Klasse insgesamt am Unterricht?
+ Welche Schüler/innen beteiligen sich wie häufig verbal am Unterricht?
+ Welche Schüler/innen beteiligen sich zwar innerlich, aber kaum äußerlich am Unterricht?

Kontaktverhalten zum Lehrer

+ Wie und wann nehmen Schüler/innen Kontakt zum Lehrer auf?
+ Wie reagiert die Lehrerin darauf?

Störendes Verhalten

+ Welche Formen von Unterrichtsstörungen von Schüler/innen und Lehrer tauchen im Unterricht auf?
+ Welche sind vermutlich beabsichtigt, welche nicht?
+ Wie geht der Lehrer mit Unterrichtsstörungen um?

Konzentration und Arbeitsverhalten

+ Worin zeigt sich konzentriertes Arbeitsverhalten?
+ Worin zeigt sich fehlende Konzentration?
+ Wann fällt es den Schüler/innen leicht, sich zu konzentrieren, wann nicht?
+ Zeigen sich bei Arbeitsverhalten und Konzentration Unterschiede je nach Sozialform oder Methode?

Lernprozesse

+ Wann und wodurch sind Lernfortschritte beobachtbar?
+ Welche beabsichtigten und welche unbeabsichtigten Lernprozesse sind zu beobachten?
+ Wann und wodurch sind Lernschwierigkeiten beobachtbar?

Soziales Lernen/Kooperation in der Klasse

+ Welche Verhaltensformen finden sich im Kooperationsverhalten der Schüler/innen untereinander?
+ Sind diese Formen abhängig von der Sozialform bzw. der Methode?

- + Welche Unterschiede im Sozialverhalten zwischen einzelnen Schüler/innen bzw. Gruppen von Schüler/innen sind beobachtbar?
- + Gibt es spezifische Rollen in der Klasse: Anführer, Mitläufer, Außenseiter u.a.?
- + Ist eine Gruppenbildung in der Klasse zu beobachten?
- + Welche Rolle spielt das Geschlecht?

Beobachtungsperspektive Inhalt/Thema der Stunde

Fachwissenschaftliche Dimension
- + Entspricht der dargebotene Inhalt dem aktuellen fachwissenschaftlichen Stand?
- + Wie ist der Inhalt sachlich aufgebaut? Welche Bausteine sind zu erkennen?

Fachdidaktische Dimension
- + Entsprechen der Verlauf der Stunde und die gewählten Methoden dem aktuellen fachdidaktischen Stand?
- + Welche fachdidaktische Konzeption wird von der Lehrerin verfolgt?
- + Welche Ziele werden realisiert?
- + Wie wird das Erreichen der Ziele durch den Lehrer diagnostiziert?

Inhalt und Lerngruppe
- + Wie knüpfen die Inhalte der Stunde an den Vorerfahrungen der Schüler/innen an?
- + Woraus kann auf die intrinsische, woraus auf die extrinsische Motivation der Schüler/innen geschlossen werden?

Insgesamt ist es sinnvoll, die Beobachtungsrichtung einzugrenzen, entweder thematisch oder zeitlich oder personell. Das heißt, Sie beobachten beispielsweise nur die inhaltlichen Lernprozesse zweier Schüler/innen vergleichend *oder* die Unterrichtsstörungen in der Phase des Unterrichtsgesprächs *oder* die Schülerkooperation an einem Gruppentisch. Häufig ist es sinnvoll, sich vor der Beobachtung möglichst konkrete Verhaltensformen zu überlegen, nach denen Sie Ausschau halten wollen und die Sie gezielt analysieren möchten, also z. B. woran Sie innere Beteiligung oder äußere Beteiligung von Schüler/innen konkret festmachen.

Beobachtungsmethoden

Komplexität reduzieren Wichtig für die Ergebnisse von Beobachtungen im Unterricht ist natürlich die Art und Weise der Beobachtung, d.h. die Beobachtungsmethode. Am sinnvollsten wäre hier, möglichst viele Beobachtungen mit einem detaillierten Wortprotokoll zu verbinden. Da dies aber aufgrund der Schnelligkeit und Komplexität des Unterrichtsprozesses nicht möglich ist, müssen Beobachtungsmethoden gewählt werden, die diese Komplexität reduzieren und den Fokus Ihrer Beobachtungen konzentrieren.

Beschreibung = Bewertung Bei der Beobachtung von Unterricht gibt es noch ein grundsätzliches Problem: Jede Aufzeichnung ist nicht nur beschreibend, sondern auch mehr oder weniger bewertend und auch persönlich gefärbt, z. B. durch die notwendigerweise selektive Wahrnehmung. Dies sollte man bei allen Beobachtungen, vor allem dann, wenn diese zur Reflexion der gehaltenen Stunde herangezogen werden, im Hinterkopf haben. Manchmal ist es dann so wie bei Biografien: Sie sagen mehr über den Autor als über die beschriebene Person aus.

Sitzplan nutzen Bei den meisten nachfolgenden Formen der Beobachtung von Unterricht ist es hilfreich, einen Sitzplan mit allen Schülernamen der jeweiligen Klasse zur Hand zu haben. Diesen sollten Sie möglichst bald im Laufe Ihrer Hospitationen erstellen.

Diese Sitzordnung sollte nach Möglichkeit auch vermerken, ob es sich bei den Kindern und Jugendlichen um Mädchen oder Jungen handelt, vielleicht auch, ob es

Schüler/innen sind, die Deutsch als Muttersprache haben oder auf die dies nicht zutrifft. Dies kann zum Beispiel durch bestimmte Zeichen kenntlich gemacht werden.

Namen lernen! Darüber hinaus sollten Sie möglichst bald die Namen der Schüler/innen in Ihrer Hospitationsklasse kennen, um beim lockeren Gespräch am Rande des Unterrichts, vor allem aber beim Unterrichten einen persönlicheren Zugang zu den Schüler/innen zu bekommen.

Als Beobachtungsmethoden stehen Ihnen die folgenden Möglichkeiten zur Verfügung.

Wortprotokoll

Einsatzbereiche Die wörtliche Mitschrift wird nur in ganz kurzen zeitlichen Abschnitten zu realisieren sein. Dazu bieten sich vor allem der Einstieg, zentrale Arbeitsanweisungen oder Aufgaben, die Gelenkstellen, weitere besondere Stellen im Unterrichtsverlauf (z. B. eine Unterrichtsstörung oder die Bearbeitung eines Lernhindernisses) und der Schluss an.

Beispiel Hier ein Beispiel für solch ein Wortprotokoll zu einer Gelenkstelle bzw. zu einem zentralen Arbeitsauftrag (Mathematik, 7. Klasse). Es geht darum, dass die Schüler/innen mit Karton Quader bauen sollten und eine Gruppenarbeit beginnen soll.

L: So, jetzt passt mal auf. Du auch, Wolfgang. Also, das habt ihr ganz toll hingekriegt mit der Konstruktion der geometrischen Figur ...

Zeynep:	Frau Wolf, ich hab da was noch nicht kapiert! Bei mir stimmen die Karten gar nicht!
L:	Gleich, Zeynep.
Carsten:	Was sollen wir machen, wenn wir fertig sind?
L:	Das will ich euch doch grade erklären! Also: Jetzt sollt ihr mit euren Quadern in eurer Tischgruppe eine Brücke bauen. Und zwar eine Brücke, die so groß ist, dass ein Quader untendurch passt.
[Einige Schüler stöhnen.]	
L:	Ja, ich weiß, das ist nicht einfach. Probiert's einfach mal! Gibt es dazu Rückfragen? Ja, Mike?
Mike:	Frau Wolf, darf ich mal auf die Toilette?

Zusatzinformationen An diesem Beispiel wird klar, wie vielschichtig der Unterrichtsprozess ist und wie beschränkt selbst ein Wortprotokoll ist. Interessant wäre es z. B., zu erfahren, in welcher Geschwindigkeit oder welcher Tonhöhe, mit welchem Gefühl die einzelnen Dinge gesagt werden, wie das Gesagte nonverbal begleitet wird (z. B. durch Melden, durch Gesten, Mimik, Bewegung im Raum). Erfahrene Wortprotokollanten verwenden mitunter auch Transkriptionszeichen aus der linguistischen Gesprächsanalyse, also z. B.

.	kurze Pause
..	längere Pause
(3)	Pause in Sekunden
(ärgerlich)	Tonfall
Also	betonte Silben
(...)	unverständlich

So oder so – die rasende Geschwindigkeit, in der Unterricht vonstattengeht, ist nur beschränkt zu rekonstruieren.

Einsatz von Video

Einsatzbereich Daher bietet sich auch gerade im Schulpraktikum der Einsatz von Videoaufnahmen an. Er bietet riesige Vorteile: Der Unterrichtsverlauf kann dadurch relativ gut dokumentiert werden, die sprachlichen bzw. körpersprachlichen Äußerungen des Lehrers und der Schüler/innen sind konserviert, und die Aufnahme kann zur Selbstreflexion genutzt werden.

Leihen Die meisten Universitäten bieten die Möglichkeit, eine Videokamera auszuleihen und die Aufnahmen anzusehen oder auch zu überspielen.

Einverständnis einholen Wichtig ist natürlich, den Einsatz einer Kamera mit dem Mentor und den Schüler/innen abzuklären. In jedem Fall müssen die Eltern der Schüler/innen damit einverstanden sein, d.h. es muss eine schriftliche Einverständniserklärung vorliegen.

Beobachtungsperspektive Überlegen Sie sich vorher mit Ihrem Mentor, Ihrem Uni-Betreuer und mit Ihren Kommiliton/innen, welche Beobachtungsperspektive Sie mit der Kamera einnehmen wollen:

+ Geht es vor allem darum, das Verhalten des Lehrers zu beobachten, bietet sich ein Kamerastandort hinten im Klassenzimmer an.
+ Geht es darum, einzelne Schüler/innen oder eine Tischgruppe näher unter die Lupe zu nehmen, hat das auch Auswirkungen auf den Kamerastandort.

+ Geht es vor allem um die verbale Interaktion, empfiehlt es sich, mit einem externen und leistungsfähigen Mikrofon zu arbeiten. Ansonsten ist es nicht ausgeschlossen, dass das, was Sie eigentlich hören wollen, im allgemeinen Gemurmel verloren geht.

Kameramann? Eine weitere Entscheidung, die Sie beim Videoeinsatz im Unterricht treffen müssen, ist die, ob die Kamera bedient werden soll oder aus einer gleich bleibenden Perspektive aufnimmt.

Als Grundregel für die Benutzung einer Videokamera im Unterricht gilt: Die Kamera sollte nicht mehr stören und beeinflussen als unbedingt nötig. Wer noch nie mit diesem Medium gearbeitet hat, vermutet in aller Regel, die Existenz einer Videokamera im Unterricht verändere die Situation grundlegend. Unserer Erfahrung nach stimmt das allerdings nur bedingt. Nach einigen Unterrichtsstunden »vergessen« die meisten Beteiligten, dass eine Kamera mitläuft, und verhalten sich relativ normal. **Tipp** Überkleben Sie das Rotlicht Ihrer Kamera mit Papier oder etwas anderem, dann reagieren die Schüler/innen nur noch halb so stark auf eine laufende Kamera. Erstaunlich gute Bilder machen inzwischen auch Kameras im Handyformat, die kein Rotlicht haben und wenig auffallen.

Video ist unerbittlich Problematisch ist immer wieder, dass das Medium Video »knallhart« sein kann. Sie werden sich vielleicht nach dem Ansehen Ihrer Stunde ernsthaft fragen, ob Sie das wirklich waren, ob Sie wirklich so sprechen und so vor der Klasse stehen. Das ist ganz normal. Deshalb sollten aber Reflexionen von Unterrichtsphasen oder ganzen Stunden im Praktikum mit

Unterstützung der Videoaufnahmen nur mit Ihrer Zustimmung und wenn, dann in der gebotenen Sensibilität erfolgen.

Zweifel Wenn Sie Zweifel haben, ob Sie sich die Aufnahmen zumuten wollen oder ob Sie mit Ihrem Mentor oder Ihrem Betreuer die Bänder gemeinsam ansehen möchten, entscheiden Sie sich besser dagegen.

Am besten, Sie probieren es selbst aus. Die Aufnahmen Ihrer eigenen Stunden können Sie ja dann zur Not auch nur sich selbst und später dann Ihren Enkeln zeigen.

Narratives Protokoll

Hier erzählen Sie mit eigenen Worten den Verlauf des Unterrichts bzw. bestimmter Phasen in einem deskriptiven Fließtext, ggf. auch mit eigenen Wertungen.

Beispiel Dies kann z. B. so aussehen (Deutsch, 4. Klasse): *Zu Beginn der Stunde begrüßte die Lehrerin die Klasse und legte eine Folie auf den Overhead-Projektor, auf der die ersten drei Bilder der Bildergeschichte »Vater und Sohn beim Angeln« (E. O. Plauen) zu sehen waren. Die Schüler/innen beschrieben diese Bilder und stellten Vermutungen über den Schluss bzw. das letzte Bild der Geschichte an. An dieser Gesprächsphase beteiligten sich sehr viele Schüler/innen. Die Lehrerin ließ ein Meinungsbild erstellen, wer welchen Ausgang der Geschichte prognostiziert. Sie zeigte dann das letzte Bild, worüber die Klasse überrascht war, weil niemand in der Klasse dieses Ende vermutet hätte.*

In einer Erarbeitungsphase sollten die Schüler/innen sechs Satzstreifen an der Tafel den einzelnen Bildern zuordnen und in eine sinnvolle Reihenfolge bringen. Dies war nicht

ganz einfach, weil einige Schüler/innen Schwierigkeiten mit
der Kohärenz der Sätze hatten und die Lehrerin die Schwie-
rigkeiten lediglich auf der semantischen Ebene vermutete.
Abschließend sollten die Schüler/innen die Er-Erzählung an
der Tafel in eine Ich-Erzählung umwandeln. Dabei konn-
ten sie zwischen der Vater- und der Sohn-Perspektive wäh-
len. Viele Schüler/innen wurden damit noch nicht ganz fer-
tig, sodass die Lehrerin diesen Text als Hausaufgabe stellte.

Strichlisten

Quantitative Beobachtung Hier tragen Sie in quantita-
tiver Hinsicht Ihre Beobachtungen ein: Sie zählen z. B.,
welche Schüler/innen wie oft drangenommen werden,
sich wie oft melden, richtige bzw. falsche Beiträge liefern oder wie häufig die Lehrerin/der Lehrer Wissens-
fragen, Transferfragen, offene Fragen oder geschlossene
Fragen stellt. Zusätzlich können in einer weiteren Spal-
te eigene Anmerkungen notiert werden. Die Abbildung
auf der folgenden Seite gibt ein Beispiel für eine Mathe-
matikstunde in der 9. Klasse.

Unterrichtszeit	Phase	Mädchen gemeldet	Mädchen drangekommen	Jungen gemeldet	Jungen drangekommen
00' bis 05'	Einstieg	/////	//	/////////	///
05' bis 15'	Erarbeitung der Formel	//////	/	///////	///
15' bis 20'	Hefteintrag				
20' bis 35'	Übung in Einzelarbeit				
35' bis 40'	Transfer	//////////	//	///////	/////
40' bis 45'	Stellung der Hausaufgabe				
Summe		21	5	24	12
Anzahl Schüler/innen		Mädchen: 12		Jungen: 14	

Chronologisches Protokoll

Hier schreiben Sie simultan zum Unterrichtsgeschehen wichtige Beobachtungen in zeitlicher Abfolge auf, z. B.

Zeit	Lehrer-Schüler-Interaktion	Kommentar

In der Kommentarspalte können Sie auch mit bestimmten Zeichen arbeiten, z. B.

+ = sehr gut
– = nicht gut
? = verstehe ich nicht
! = sehr wichtig

Oder mit Ergänzung der Phasierung des Unterrichts.

Zeit	Phase	Lehrer-Schüler-Interaktion	Kommentar

Möglich ist auch, den Protokollbogen weiter zu differenzieren, z. B. so:

Zeit	Phase	Lehrer-Schüler-Interaktion	Sozial-form	Medien	Kom-mentar

oder so:

Zeit	Phase	Lehrer-handeln	Schüler-handeln	Sozialform/Medien	Kom-mentar

Je nach Klassenstufe, Unterrichtsform, Fach oder Beobachtungsziel kann es sinnvoll sein, die eine oder andere Form bei der Beobachtung einzusetzen. Am besten, Sie versuchen es mit unterschiedlichen Formen im Verlauf Ihrer Hospitationen.

Systematische Beobachtung

Einzelbeobachtung einer Schülern/eines Schülers

Neben der chronologischen Beobachtung des gesamten Unterrichtsgeschehens gibt es vielfältige Formen der systematischen Schwerpunktbeobachtung. Eine dieser Möglichkeiten ist die strukturierte Einzelbeobachtung einer Schülerin bzw. eines Schülers.

Zeit	Phase	Mitarbeit im Plenumsunterricht	innere Beteiligung	Interaktion mit Mitschüler/innen	Unterrichts- störungen	weitere Beobachtungen
00	Einstieg	meldet sich mehr- fach, kommt nicht dran	sehr aufmerksam	schwätzt nebenher mit B.		
05	Vorle- sen		sehr aufmerksam			
10	Erarbei- tung	meldet sich nicht	abgelenkt, schaut zum Fenster	schwätzt ab und zu mit C.	wird von L. einmal nonverbal ermahnt	geht zur Toilette
25	Vertie- fung/ Partner- arbeit		sehr aufmerksam	arbeitet mit B. engagiert an den Aufgaben		teilweise sehr qualitätsvol- le Beiträge in der PA
40	Präsen- tation	stellt die Ergebnisse der PA gut vor	sehr engagiert			beste Präsentation

Beobachtungsmethoden

Dies hat mehrere Vorteile: Sie achten nicht nur auf einen Schüler, wenn er sich besonders beteiligt oder anders auffällt, z. B. auch durch Störungen des Unterrichts, sondern verfolgen sein Lern- und Arbeitsverhalten über längere Zeit und kommen dadurch zu Beobachtungen, die mehr über diesen Schüler in dieser Stunde aussagen.

Gezielte Beobachtung von Schülergruppen

Bei der Unterrichtsbeobachtung kann man auch eine oder mehrere Gruppen von Schüler/innen gezielter unter die Lupe nehmen, z. B. Jungen und Mädchen oder zwei Gruppentische oder einige leistungsstärkere bzw. leistungsschwächere Schüler/innen.

Zeit/Unterrichtsphase	Beteiligung von Mädchen	Beteiligung von Jungen	Kommentar

Zeit/Unterrichtsphase	Beteiligung von Leistungsstärkeren	Beteiligung von Leistungsschwächeren	Kommentar

Besonderer Aspekt im Fokus Oder man beobachtet das Unterrichtsgeschehen unter einem besonderen Aspekt, z. B. inwieweit Lernziele erreicht werden oder wo und wie Störungen des Unterrichts auftauchen und wie die Lehrerin/der Lehrer mit diesen umgeht.

Schule erkunden durch Befragung und Interview

Quer zu diesen Möglichkeiten der Beobachtung liegen Erkundungsformen wie Befragung oder Interview.

Befragung Eine Befragung ist ein eher unstrukturiertes, aber dennoch zielführendes Gespräch mit »Expert/innen« der jeweiligen Schule. So kann man den Mentor zu seiner Klasse befragen, die Rektorin zu ihrer Schule oder auch Schüler/innen zu ihrem Freizeitverhalten.

Interview Ein Interview ist noch strukturierter als die Befragung und fragt bestimmte Informationen oder Einschätzungen gezielt ab. Sie wollen z. B. von Ihrer Mentorin wissen, wie die einzelnen Schüler/innen im Fach Musik notenmäßig stehen, oder Sie interviewen die Schüler/innen selbst zu ihrem Leseverhalten in der Freizeit oder den Rektor zu den schulrechtlichen Aspekten der Elternarbeit an der Schule.

Ich habe beobachtet – was nun?

Nachdem Sie viel Zeit und Energie dafür investiert haben, Unterricht gezielt und strukturiert zu beobachten, stellt sich die Frage, was mit Ihren Notizen und Aufzeichnungen passiert.

Hypothese bilden Der erste Schritt wäre, Ihre Beobachtungen und Aufzeichnungen noch einmal in Ruhe durchzugehen und sich einen Überblick zu verschaffen: Welche Aspekte waren jetzt für die Stunde zentral? Welche Tendenzen oder Hypothesen meine ich, aus meinen Aufzeichnungen herauszulesen? Welche Belege stützen diese Vermutungen?

Beispiel Wenn Sie beispielsweise Ihren Fokus auf die drei leistungsschwächsten Schüler Marco, Kevin und Alexander der Klasse 5b gerichtet haben, könnten Sie bereits im Unterricht, erst recht aber beim Durchlesen Ihrer Notizen die Hypothese aufstellen, der Unterricht habe diese drei Schüler in einigen Phasen merklich überfordert. Sie lesen Ihre Mitschriften durch und stellen fest:

+ **Einstieg** Der Sachtext zum Einstieg wurde von mindestens zwei der drei Schüler (Marco, Alexander) nicht leise gelesen, d.h., sie haben sich mit anderen Dingen beschäftigt (Kramen im Ranzen, in die Luft starren, sich gegenseitig etwas erzählen).

+ **Unterrichtsgespräch** Im nachfolgenden Unterrichtsgespräch beteiligte sich nur einer der drei Schüler, Kevin. Er gab eine falsche Antwort auf eine relativ leichte Frage der Lehrerin. Einige andere Schüler, darunter auch Marco, lachten ihn aus.

+ **Hefteintrag** Zwei der drei Schüler (Kevin, Alexander) wurden mit dem Hefteintrag des Tafelanschriebs nicht fertig. Bei allen drei fehlten farbliche Markierungen und das Unterstreichen der Überschrift.

+ **Übungsphase** In der Übungsphase hat Marco das Arbeitsblatt in Einzelarbeit sehr gut ohne Hilfe von Mitschüler/innen oder der Lehrerin bearbeitet. Alexander und Kevin verstanden die meisten Arbeitsanweisungen nicht und schwätzten miteinander.

+ **Abschlussphase** Bei der Abschlussphase, in der die Ergebnisse des Arbeitsblattes verglichen wurden, meldete sich Marco mehrmals, die beiden anderen gar nicht. Marco kam einmal dran und gab die korrekte Lösung der Aufgabe 4 wieder.

Überraschende Beobachtungen Während Sie sich Ihre Aufzeichnungen durchlesen, bemerken Sie mit Erstaunen, dass es Beobachtungen gibt, die Ihrer ursprünglichen These, alle drei seien merklich überfordert gewesen, entgegenstehen.

Dies betrifft vor allem Marco: Obwohl er eigentlich den Eindruck von Überforderung macht (macht kaum mit, schwätzt), hat sich in dieser Stunde gezeigt, dass das nicht immer zutrifft: Er ist in der Lage, das durchaus nicht leichte Arbeitsblatt ohne externe Hilfe korrekt zu bearbeiten, ohne vorher den Sachtext aufmerksam zu lesen und ohne dem Unterrichtsgespräch aufmerksam zu folgen.

Sie kommen zu der Vermutung, dass Alexander und Kevin *über*fordert, Marco aber womöglich in bestimmten Bereichen *unter*fordert sein könnte. Dies könnte auch erklären, warum er den Sachtext nicht gelesen hat oder Kevin vor der Klasse auslacht. Dass er gerne zeigt, was er kann, darauf deutet seine Beteiligung in der letzten Unterrichtsphase hin.

Besprechung mit dem Mentor ... Am besten ist es, im Anschluss an eine Stunde die Beobachtungen mit Ihrem Mentor durchzugehen. Er wird zu vielen Beobachtungen zusätzliche Hintergrundinformationen und Einschätzungen haben, über andere Beobachtungen aber vielleicht auch überrascht und dankbar sein.

... und an der Uni Beim Austausch Ihrer Beobachtungen in der Praktikumsgruppe oder mit Ihrer Hochschulbetreuerin werden Sie unter Umständen feststellen, dass ein und dieselbe Phase oder ein und dasselbe Schülerverhalten an einer bestimmten Stelle des Unterrichts durchaus unterschiedlich beobachtet wird:

+ Zeugen das andauernde Melden und Reinrufen von Simone von großem Interesse oder von ihrem hohen Geltungsbedürfnis oder von beidem?
+ Stört Thomas eher aus Überforderung oder aus Gründen der Unterforderung?
+ War die Ermahnung des Lehrers an Svenja dosiert oder übertrieben?

Neutralität unmöglich All dies zeigt, dass es kein »neutrales, objektives« Beobachten von Unterricht geben kann. Jede Beobachtung ist von Prozessen z. B. der Selektion, der Projektion und der Normierung begleitet und steht in Beziehung zu Ihrer subjektiven Theorie. Wichtig bei Nachbesprechungen ist deshalb, genau zwischen Beobachtung bzw. Beschreibung einerseits und der Analyse bzw. Interpretation andererseits zu unterscheiden und auch zunächst bei der möglichst genauen Beschreibung von Aspekten des Unterrichts zu bleiben. **Kritische Formulierungen** Das heißt auch, bestimmte Formulierungen eher zu verwenden als andere, z. B. »Ich habe beobachtet, dass Sylvia sich kein einziges Mal gemeldet hat« statt »Warum hast du Sylvia nicht aufgerufen?«.

In einem zweiten Schritt kann dann nach möglichen Ursachen, Gründen oder Zielen eines bestimmten Handelns gefragt werden. Damit werden immer auch implizite oder explizite Theorien verbalisiert. Dabei sollten Sie im Gespräch möglichst professionell und sensibel mit Ihren Beobachtungen und Interpretationen umgehen.

Achtung, Beobachtungsfehler!

Jedes Beobachten ist subjektiv und damit an die individuellen Vorerfahrungen, Kenntnisse, Einstellungen und Absichten der Beobachtenden gekoppelt. Insofern muss man sich als Beobachter bewusst sein, welchen möglichen Beobachtungsfehlern man unterliegen könnte.

Fehler 1: Erster Eindruck Häufig lässt man sich vom ersten Eindruck leiten (Primacy-Effekt). Denken Sie nur an eine typische Alltagssituation: Sie sind auf einer Party, und es kommt ein neuer Gast herein. Binnen weniger Augenblicke – es gibt psychologische Forschungen dazu, die von einer Schwelle von weit unter einer Sekunde sprechen – verfestigt sich bei Ihnen ein Bild über diesen Neuankömmling entlang der zentralen Einschätzungsachse sympathisch–unsympathisch.

Sie werden merken, wie sehr prägend dieser erste Eindruck ist, vielleicht wie viel Schwierigkeiten Sie haben und wie viel Party-Zeit, ggf. wie viel Alkohol Sie benötigen, diesen ersten Eindruck zu korrigieren. Dieser erste Eindruck setzt sich so im Gedächtnis fest, dass Sie oft noch nach Jahren sich ganz genau die Situation vorstellen können, in der Sie einem anderen Menschen zum ersten Mal begegnet sind.

Beispiel Dieses Phänomen des ersten Eindrucks findet sich natürlich auch im Beobachten von Schule und Unterricht wieder. So haben Sie in Ihrer ersten Hospitationsstunde in der 9a Kevin als notorischen Störer erlebt. Die ganze Stunde war er damit beschäftigt, sich und andere vom konzentrierten Arbeiten und Lernen abzuhalten und darüber hinaus den Lehrer dazu zu zwingen, ihm Aufmerksamkeit in Form von Ermahnungen und

Bestrafungen entgegenzusetzen. Ihnen ist nach dieser Stunde klar: Kevin ist ein Störer und schwieriger Schüler.

Fehler 2: Vorurteile Ein anderer möglicher Beobachtungsfehler sind Vorurteile und Voreinstellungen (Rosenthal-Effekt). Angenommen, Sie waren noch nie in Heidelberg. Ihr Bild von Heidelberg ist eine Mischung aus Postkartenidylle, Schloss, Neckar, Alter Brücke, Lieblichkeit und Studentenromantik.

Und dann kommen Sie eines Tages nach Heidelberg, finden eine mehr oder minder normale deutsche Stadt, die natürlich auch ihre Schattenseiten hat, und sind irritiert, vielleicht auch enttäuscht. Nicht weil Heidelberg so hässlich ist (das ist es beileibe nicht!), sondern weil Ihre Erwartungen so hoch und so anders waren.

Beispiel Im Beobachten von Unterricht läuft das ähnlich: Sie haben zum Beispiel vom Klassenlehrer erfahren, dass Svenja aus der 3b hochbegabt ist. Da Sie selbst als Kind als hochbegabt galten, ist Ihnen diese Svenja, obwohl Sie sie noch nie gesehen oder erlebt haben, sympathisch. Sie fühlen sich ihr wesensverwandt und rechnen damit, dass Svenja besonders gute Leistungen im Unterricht zeigt.

Fehler 3: Global-Eindruck Damit wären wir schon beim nächsten möglichen Beurteilungsfehler, dem Global-Eindruck (Halo-Effekt). Dieser meint: Eine Eigenschaft oder ein Merkmal überstrahlt die gesamte Wahrnehmung und steuert die Beobachtung.

Beispiel Nehmen wir zum Beispiel eine Kommilitonin, Mona, mit der Sie zusammen mit drei anderen Studierenden ein Referat in einem Oberseminar zum Thema »Didaktische Modelle im Physikunterricht« geplant und vorgetragen haben. Sie haben Mona als äußerst redegewandt und belesen kennengelernt, häufig war sie es, die die Gruppentreffen moderiert und zu einem guten Ende geführt hat. Und auch beim Halten des Referats im Seminar war Mona am ehesten in der Lage, schwierige Rückfragen aus dem Plenum zu beantworten. Für Sie drängt sich auf: Mona ist eine Kandidatin für ein Einser-Examen. Und das, obwohl Sie sie nur aus einem Studiensegment kennen.

Beispiel Ähnliches trifft man auch beim Beobachten von Unterricht: Sie haben Larissa aus der 5b in Ihren Musik-Hospitationsstunden als äußerst musikalisch interessierte und begabte Schülerin kennengelernt. Nun sehen Sie sie in einer Kunststunde und schließen automatisch darauf, dass Larissa bei ihrer musischen Begabung auch in Kunst gute Leistungen zeigt.

Fehler 4: Fehlattribution Häufig ist auch der Beobachtungsfehler der Fehlattribution, bei der eigene Persönlichkeitsmerkmale oder gerade deren Gegenteil den beobachteten Personen zugeschrieben werden (Ähnlichkeits- bzw. Kontrast-Effekt). Sicher werden Ihnen Personen im Alltag erst einmal sympathischer sein, wenn Sie wissen, dass diese denselben Musikgeschmack haben oder dasselbe Hobby wie Sie.

Beispiel Im Schulpraktikum wäre es möglich, dass Ihnen eine Schülerin sehr sympathisch ist, weil Sie ebenso wie Sie Mitglied im örtlichen Reiterverein ist. Oder ein anderer Schüler ist Ihnen von vornherein eher unsympathisch, weil er Kleidung trägt, die Sie selbst schon immer gehasst haben.

Eine Fehlattribution liegt auch vor, wenn aus konkret beobachteten Verhaltensweisen auf Charaktereigenschaften geschlossen wird (Interferenz-Effekt). Schließlich neigt man beim Beobachten auch zu logischen Fehlern (Logical-error-Effekt). Hier wird ein von Ihnen beobachtetes Merkmal aufgrund von Alltagstheorien mit weiteren Eigenschaften verknüpft.

Damit sind die wichtigsten Klippen beim Beobachten von Unterricht genannt. Wichtig erscheint uns: Beobachtungsfehler lassen sich nie gänzlich vermeiden. Hilfreich ist es daher, sich ihrer bewusst zu sein und zu fragen, ob man möglicherweise bei einer Beobachtung einem solchen Fehler unterlegen ist.

Der schriftliche Unterrichtsentwurf

In den allermeisten Fällen werden Sie im Laufe Ihres Praktikums, teilweise auch erst danach, einen schriftlichen und ausführlichen Unterrichtsentwurf verfassen müssen. Was diesen Text ausmacht, welche Teile er hat, welche Formalia zu beachten sind oder wie umfangreich er sein soll, unterscheidet sich von Uni zu Uni, von Betreuer/in zu Betreuer/in oder auch von Mentor/in zu Mentor/in.

Bezugsrahmen Ein ausführlicher Unterrichtsentwurf kann sich auf eine einzelne Stunde, eine Doppelstunde, eine Sequenz mehrerer Stunden (ca. 3–5 Stunden) oder auch auf eine ganze Unterrichtseinheit (ca. 6–15 Stunden) beziehen.

Wann abgeben? In aller Regel muss der schriftliche Unterrichtsentwurf spätestens zu Beginn der Stunde dem Mentor und dem Betreuer der Uni vorgelegt werden. In anderen Fällen soll er einige Zeit später vorliegen und muss häufig mit einem Kapitel zur »Reflexion des Unterrichts« versehen werden.

Inhalte In einem ausführlichen und schriftlichen Unterrichtsentwurf sollen Sie Ihre detaillierten Reflexionen und Überlegungen zum Lerngegenstand und zum Verlauf der Stunde auf der Grundlage des allgemein- und fachdidaktischen Forschungsstandes prägnant wiedergeben. Er ist eine Mischung aus darstellenden und begründenden Teilen und damit auch Schreibstilen.

Schwierigkeiten Von daher ist ein ausführlicher Unterrichtsentwurf keine leichte Textsorte, sondern birgt zahlreiche Schwierigkeiten und Risiken. Auf jeden Fall ist er ein wissenschaftlicher Text mit spezifischen Anforderungen.

Einerseits gehen die Vorstellungen darüber, wie ein guter schriftlicher Unterrichtsentwurf im Einzelnen auszusehen hat, weit auseinander. Andererseits haben wir viele gültige Verordnungen oder Skripte zum Schulpraktikum verschiedener Universitäten zur Hand genommen und konnten doch recht große Gemeinsamkeiten feststellen.

Bausteine Nahezu überall finden sich folgende Bausteine eines Unterrichtsentwurfs:

[1] Analyse der Lerngruppe und der Lernvoraussetzungen

[2] Einordnung der Stunde in den Unterrichtszusammenhang

[3] Sachanalyse

[4] Didaktische Analyse

[5] Lernziele

[6] Methodische Überlegungen

[7] Verlaufsplanung (Strukturskizze)

[8] Literaturverzeichnis

[9] Anhang (z. B. Tafelanschrieb, Arbeitsblatt, Overhead-Folie, Powerpoint-Präsentation)

Besonderheit Das Besondere dieser Textsorte ist: Alle Überlegungen, die in den einzelnen Gliederungspunkten angesprochen werden, stehen in einem inneren Zusammenhang. Kein Kapitel darf sich gewissermaßen verselbstständigen und den Bezug zur Unterrichtsstunde, um die es schließlich geht, verlieren.

Gefahren Die Gefahr ist besonders groß bei der »Analyse der Lerngruppe« und der »Sachanalyse«: Hier wird häufig etwas geschrieben, was mit der konkreten Stunde nichts mehr zu tun hat. Auf der anderen Seite sollten alle Überlegungen auch wenigstens andeutungsweise in einen größeren fachdidaktischen bzw. methodischen Zusammenhang gestellt werden. Die Balance zu wahren ist dabei gerade für Studierende, die noch nicht so viel Erfahrung beim Verfassen eines schriftlichen Unterrichtsentwurfes haben, sehr schwierig.

Die lineare Form eines Entwurfs in der heute üblichen Textgestalt entspricht nicht den Gedankengängen, die zu einer Stunde führen. Jede Stunde lässt sich von verschiedenen Punkten her denken und entwickelt ihre Gestalt mit ständigen Sprüngen in einem ganzheitlich-antizipierenden Prozess.

Hypertext? Die ideale Form eines Unterrichtsentwurfs wäre deshalb ein Hypertext. Diese Form käme der Gedankenentwicklung beim Prozess der Planung wesentlich näher. Mit den entsprechenden Links in jedem Kapitel könnte der Leser mühelos hin- und herspringen und die inhaltlichen Bezüge sofort erkennen. Auch wenn man heute Entwürfe noch nicht als Hypertexte schreibt, so sollten doch in jedem Kapitel die Bezüge zu anderen Kapiteln (ggf. mit Verweisen) deutlich werden.

Einordnung in den Unterrichtszusammenhang

Kontext herstellen In aller Regel ist eine Unterrichtsstunde keine isolierte Einzelstunde, sondern eingebettet in eine längere oder kürzere Unterrichtseinheit, deren inhaltliche und didaktische Konzeption erläutert werden müssen. Die Rolle und der Stellenwert Ihrer Stunde werden erst deutlich, wenn man weiß, ob sie am Anfang, in der Mitte oder am Ende einer Einheit steht, welche Stunden der geplanten Stunde unmittelbar vorausgegangen sind und welche noch folgen sollen.

Während zu einer einführenden Stunde umfangreichere didaktische Überlegungen notwendig sind, kommt man bei einer Stunde, die irgendwo in der Mitte einer Unterrichtsreihe steht – etwa einer Übungsstunde –, mit vergleichsweise wenigen didaktischen Hinweisen aus.

Fokus Fachdidaktik In diesem Fall wird man als Mentorin oder Betreuerin der Universität stärker nach den fachdidaktischen Begründungen für die Unterrichtseinheit als Ganzes fragen und sie unter diesem Punkt finden können. Hier werden auch Hinweise auf Vorgaben des Lehrplans gegeben oder Anregungen aus fachdidaktischer Literatur, Lehrerhandbüchern oder des Seminarleiters bzw. Mentors aufgeführt. Gegenüber diesen Vorgaben und Rahmenbedingungen sollte aber immer die eigene Handschrift der Planung deutlich werden.

Das Literaturverzeichnis

Wissenschaftlicher Text Der schriftliche Unterrichtsentwurf ist ein wissenschaftlicher Text. Das bedeutet, dass Sie immer alle Quellen, die Sie herangezogen haben, zitieren müssen. Die Art und Weise der Zitierung und der Auflistung der Quellen in einem Literaturverzeichnis kann je nach Vorgaben der Universität variieren. Diese Vorgaben sollten Sie daher kennen bzw. in Erfahrung bringen.

Der Anhang

Am Ende Ihres schriftlichen Unterrichtsentwurfes sollten Sie alle ausgeteilten Materialien, Texte, Arbeitsblätter, Seiten aus einem Schulbuch sowie den geplanten Tafelanschrieb oder eine Overhead-Folie/die Powerpoint-Präsentation im Anhang darstellen.

Weitere Hinweise

Weitere Hinweise zum Schreiben eines ausführlichen Unterrichtsentwurfes finden Sie in unserem Band »Kursbuch Lehramtsstudium«.

20 Fragen zum Unterrichtsentwurf

Frage	☑
Haben Sie die anthropogenen und soziokulturellen Bedingungen des Unterrichts analysiert?	☐
Sind Sie umfassend auf die fachspezifischen Lernvoraussetzungen der Schüler/innen eingegangen?	☐
Haben Sie den Unterrichtsgegenstand von verschiedenen Seiten her und auf aktueller fachwissenschaftlicher Grundlage analysiert und strukturiert?	☐
Können Sie im geistigen Rollenspiel die wichtigsten Aspekte des Unterrichtsgegenstandes einer fiktiven anderen Person mit eigenen Worten erklären?	☐
Können Sie begründen, warum es gut und wertvoll ist, dass die Schüler/innen gerade dieser Klasse sich mit dem Unterrichtsgegenstand beschäftigen?	☐
Können Sie einen Bezug zum Lehrplan dieses Faches und dieser Klassenstufe herstellen?	☐
Stellt der Unterrichtsentwurf dar, in welchen größeren Zusammenhang die konkrete Stunde eingebettet ist, welche Stunden oder Bausteine ihr vorausgehen und welche nachfolgen?	☐
Können Sie mögliche Lernhindernisse oder Schwierigkeiten der Schüler/innen bei der Auseinandersetzung mit dem Unterrichtsgegenstand benennen?	☐
Können Sie Hilfen zur Überwindung dieser Lernschwierigkeiten benennen?	☐
Beantwortet der Unterrichtsentwurf, welche Ziele (Stundenziel, Feinziele) Sie mit der Behandlung des Unterrichtsgegenstandes verbinden?	☐

Frage	☑
Erläutert Ihr Unterrichtsentwurf, warum Sie gerade diese Ziele anstreben und andere vernachlässigen?	☐
Wird im Unterrichtsentwurf erläutert, wann diese Ziele erreicht sind?	☐
Schildert Ihr Unterrichtsentwurf, wie Schüler/innen mit unterschiedlichen Lernvoraussetzungen diese Ziele erreichen können?	☐
Schildert der Unterrichtsentwurf, welche möglichen Methoden Sie in dieser Stunde anwenden könnten?	☐
Diskutiert Ihr Unterrichtsentwurf methodische Alternativen und begründet die gewählten Methoden und Sozialformen?	☐
Berücksichtigt Ihr methodisches Vorgehen die Anforderungen der Entwicklungspsychologie, der Lernpsychologie und der jeweiligen Fachdidaktik?	☐
Haben Sie in Ihrem Stundenverlauf zeitlich Raum gelassen, um flexibel auf situative Entwicklungen zu reagieren?	☐
Sind die Arbeitsblätter oder Materialien für die Hand der Schüler/innen angemessen und motivierend strukturiert und gestaltet?	☐
Ist die Strukturskizze kompakt und zugleich so, dass alle wichtigen Unterrichtsschritte und Arbeitsanweisungen/Impulse von Ihnen benannt sind?	☐
Sind in Ihrem Unterrichtsentwurf formale Aspekte beachtet (Zitierung, Layout, Deckblatt, Literaturverzeichnis ...)?	☐

Unterricht gemeinsam auswerten

Reflexion In den allermeisten Fällen ist vorgesehen, dass Sie während Ihres Schulpraktikums nicht nur einzelne Phasen mit der Klasse gestalten oder ganze Unterrichtsstunden durchführen, sondern dass diese Unterrichtsversuche auch gemeinsam mit dem Mentor und bzw. oder dem Betreuer der Hochschule reflektiert werden.

Von Kritik ... Je nach gegenseitigem Vertrauen, je nach Sympathie, vor allem je nach Verlauf der vorhergehenden Stunde können diese Reflexionen sehr unterschiedlich ablaufen. Entweder als wirkliches kritisch-konstruktives Gespräch zwischen unterschiedlichen Personen an der Sache entlang oder aber als Bombardement an Vorwürfen oder Kritik.

... bis Lob Manchmal gibt es aber auch Fälle, bei denen ausschließlich gelobt wird, manchmal sehr spezifisch und fundiert, häufiger jedoch sehr global (z. B. »War doch ganz in Ordnung, oder?«).

Erwartungen des Mentors In jedem Fall wird es für Sie hilfreich sein, sich den Erwartungshorizont der Beteiligten vor Augen zu halten. Die Mentorin möchte möglicherweise, dass Sie in Ihrer Stunde die vereinbarten Lernziele erreichen, weil sie auf den von Ihnen behandelten Inhalten in der Folgestunde gerne aufbauen möchte und nicht mehr eine Erarbeitungsphase oder Präsentation Ihrer Stunde einbauen will, weil Ihnen die Zeit nicht gereicht hat.

Vielleicht hat die Lehrerin auch eine spezifische Sicht auf ihre Klasse und möchte, dass diese Perspektive nicht irritiert wird. Oder sie hat ein relativ konsistentes Bild von dcm, was »guter Unterricht« zu sein hat, wie Schüler/innen »gut« oder »richtig« lernen und welche Lernziele zu erreichen sind.

Erwartungen des Dozenten Sofern ein Dozent der Universität zusätzlich bei Ihrer Stunde und der nachfolgenden Besprechung anwesend ist, kommen weitere Erwartungen hinzu.

Findet Ihre Stunde im Rahmen eines Fachpraktikums statt, wird der Dozent in der Nachbesprechung den Schwerpunkt auf fachwissenschaftliche und fachdidaktische Aspekte Ihrer Planung und Durchführung legen, in einem Einführungspraktikum könnte es vor allem um Ihren Erziehungsstil, Ihren Unterrichtsstil, Ihre Körpersprache oder Ihre Unterrichtsorganisation gehen.

Möglicherweise bevorzugt der Dozent bestimmte Themen oder Methoden oder verlangt von Ihnen, Stunden zu unterrichten, mit deren Hilfe er dann irgendwo einen Beitrag in einer wissenschaftlichen Fachzeitschrift publizieren kann.

Fehlende Distanz Sie selbst werden während Ihrer eigenen Unterrichtsstunden wohl relativ häufig von Ihren aktuellen Eindrücken und Erfahrungen so erschlagen sein, dass es Ihnen nicht leicht fällt, sich in der Nachbesprechung sofort distanziert mit Ihrem eigenen unterrichtlichen Handeln und den Vorgängen in Ihrer Stunde auseinanderzusetzen.

Nach der Spannung und Aufregung vor der Stunde, dem Gefühls- und Wahrnehmungschaos während der Stunde werden Sie nun vor allem froh sein, dass Sie es hinter sich gebracht haben.

Die Schüler ... Und dann wären da noch einige weitere Personen, die ein beträchtliches Wort bei Ihrer Stunde mitreden – die Schüler/innen. Sie sollen funktionieren, sollen auf gezielte Impulse von Ihnen reagieren, Fragen richtig beantworten, auf diskrete Hinweise zielsicher handeln, leise und gleichzeitig kooperativ arbeiten, sie sollen kreativ und gleichzeitig diszipliniert sein und am Ende alle die von Ihnen notierten Lernziele erreicht haben. Und das alles so, dass es ganz locker aussieht, ganz normal, überhaupt nicht gezwungen und vor allem nicht danach, was es in Wirklichkeit ist: eine absolut künstliche Situation.

... als wahre Experten Als Schüler/in hat man schon viele Unterrichtsstunden erlebt, kurz vor Ende der Schullaufbahn sind es weit mehr als 10 000. Von daher sind sie Expert/innen in Sachen Unterricht, wissen, wo was gut läuft oder wo es hängt, wissen auch, wie die sich fühlen, die vorne stehen und sie motivieren wollen. Die meisten Klassen, in denen Sie eingesetzt werden, haben Erfahrung mit Praktikant/innen und Unterrichtsbesuchen. Und fast alle Schüler/innen bemühen sich wirklich darum, es Ihnen leicht zumachen.

Bauchgefühl Vielleicht haben Sie nach Ihrer Stunde ein Gefühl im Bauch, was an der Stunde gut lief, womit Sie zufrieden sind, womit möglicherweise auch die Mentorin oder die Uni-Betreuerin zufrieden sein wird. Andererseits reift in Ihnen vielleicht die Vermutung, dass diese Phase oder jene Arbeitsanweisung, diese Ermahnung oder jenes Arbeitsblatt nicht optimal waren und gleich in der Nachbesprechung eine Rolle spielen werden.

Tauge ich zum Lehrer? Eine zentrale Frage, gerade zu Beginn Ihres Studiums, wird sein, ob Sie für diesen Beruf geeignet sind bzw. ob die gewählte Schulstufe die richtige für Sie ist. Erst im Verlaufe Ihrer schulpraktischen

Studien und wenn Sie diese erste Frage für sich positiv beantworten können, werden weitere Aspekte im Mittelpunkt stehen, z. B. fachdidaktische Modellierungen oder Fragen der Methodik, der Überwindung von Lernhindernissen etc.

Nachbesprechungen – häufig ritualisiert

Wichtigste Schwierigkeiten Nachbesprechungen von Unterrichtsstunden beinhalten zahlreiche Klippen. Daher ist es auch äußerst schwierig, Nachbesprechungen so zu führen, dass sie Ihrem Lernfortschritt dienen. Als wichtigste Schwierigkeiten werden immer wieder beobachtet:

+ **Zeitliche Nähe** In aller Regel findet die Nachbesprechung Ihrer Unterrichtsstunde gleich im Anschluss an die Stunde statt. Das hat Vorteile (die Erinnerungen sind noch sehr frisch), aber auch Nachteile. Besonders für Sie, weil Sie noch sehr stark mit Ihren Erlebnissen aus der Stunde beschäftigt sind und noch wenig Distanz zu ihnen entwickeln konnten.

+ **Ungleiche Gesprächsanteile** In den meisten Fällen wird die Hauptzeit der Auswertung in Form eines Gesprächs ablaufen. Dabei kann es zu einer äußerst ungünstigen Verteilung der Gesprächsanteile kommen. Viele Studierende berichten von »Gesprächen«, in denen der Uni-Betreuer fast ohne Unterbrechung spricht, während die Mentorin, vor allem aber sie selbst kaum zu Wort kommen bzw. nur solche Beiträge liefern können, die der Verteidigung des eigenen Vorgehens oder des Verhaltens der Klasse dienen.

+ Vor Gericht Wie bei Gericht ergibt sich dann eine Rollenverteilung, in der eine Seite die Anklage vertritt, die andere Seite die Verteidigung. Am Ende dann verkündet der Richter, d. h. in der Regel der Betreuer der Universität, das Urteil.

+ Nicht prozessorientiert Die Begutachter haben zu wenig Ihren Lernprozess im Blick, d. h. Ihre Lernvoraussetzungen, Ihre Stärken und Schwächen, Ihre Entwicklungswünsche, und zu stark das Lernprodukt, d. h. die konkrete Stunde. Und sie nehmen häufig sehr selektiv und gleichzeitig normativ wahr.

+ Überzogene Erwartungen Mentorinnen oder Hochschulbetreuerinnen erwarten explizit oder implizit von Ihnen Kompetenzen in bestimmten Bereichen, die Sie noch gar nicht haben können, weil sie sich erst in vielen Berufsjahren herausbilden, z. B. Arbeitsanweisungen treffend formulieren oder Schüleräußerungen in einer Gesprächsphase aufeinander beziehen.

+ Praxisferner Theorierahmen Die Unterrichtspraxis wird an einer praxisfernen schulpädagogischen oder fachdidaktischen Theorie gemessen, vor der sie nie bestehen kann. Immer wird es im konkreten Unterrichtshandeln Aspekte geben, die diese Theorie infrage stellen und dennoch aus der Situation heraus notwendig sind.

+ Unsensibles Feedback Die Rückmeldungen der Begutachter sind zuweilen nicht von der nötigen Sensibilität geprägt. Sie berücksichtigen nicht oder zu wenig, dass es nie nur um eine Stunde von Ihnen geht, sondern dass in jedem Lehrerhandeln die Persönlichkeit des Lehrers eine gravierende Rolle spielt.

+ **Überzogene Erwartungen** Eine letzte Schwierigkeit liegt darin, dass viele Studierende unrealistische Erwartungen an sich, die Nachbesprechung und die Einschätzungen des Mentors oder der Betreuerin der Universität knüpfen.

Nachbesprechungen anders führen

Tipps Um diese Schwierigkeiten zu überwinden, müssen sich alle bemühen, bessere Formen der Reflexion von Unterricht zu erproben. Hier einige Tipps, um Nachbesprechungen gelingend zu führen:

+ **Zeitlicher Abstand** Erfahrungsgemäß ist es gut, wenn die Nachbesprechung nicht unmittelbar auf die gehaltene Stunde folgt. Zumindest sollte eine kleinere Pause (ca. 15 Minuten) vor der Besprechung liegen oder bewusst eingeplant werden. Noch besser ist es, wenn eine Schulstunde dazwischenliegt.

+ **Raum** Der Verlauf der Nachbesprechung ist sehr stark von äußeren Faktoren abhängig. Versuchen Sie daher, einen ruhigen, angenehmen Ort bzw. Raum zu finden, in dem Sie nicht gestört werden. Planen Sie ausreichend Zeit ein und verständigen Sie sich mit allen Gesprächsteilnehmer/innen im Vorfeld darüber, wie viel Zeit die Besprechung in Anspruch nehmen sollte.

+ **Struktur** Versuchen Sie, der Besprechung eine gemeinsam vereinbarte Struktur oder Phaseneinteilung zu geben. Dies führt automatisch dazu, dass Besprechungsschwerpunkte gebildet werden müssen. Zum Beispiel könnte es zu Beginn ca. 15 Minuten um den

Aspekt der Methodenwahl gehen, danach um Fragen der Lehrerpersönlichkeit und der Körpersprache und zum Schluss um die verwendeten Arbeitsblätter und dabei besonders um die Arbeitsaufträge.

+ **Ihre Lerninteressen** Im Zentrum des Gespräches sollten die Lerninteressen von Ihnen stehen. Daher sollten Sie von sich aus zu Beginn des Gespräches Vorschläge machen, welche Besprechungsschwerpunkte gewählt werden und wo Sie besonders Beratung möchten. Dies kann auch bereits vor dem Unterricht selbst geschehen.

+ **Subjektive Wahrnehmungen** Erinnern Sie die Beteiligten ggf. daran, dass es in diesem Gespräch um den Austausch von Wahrnehmungen, Beobachtungen, subjektiven Theorien und Einschätzungen geht, nicht aber um das Abprüfen von Wissen oder Kompetenzen.

+ **Notizen nutzen** Es ist hilfreich, wenn die Beobachtungen mit schriftlichen Materialien und Notizen und/oder einer Videoaufzeichnung fundiert werden können, in die alle Einsicht haben.

+ **Konkret werden** Drängen Sie bei positiver Kritik auf Präzisierung, bei negativer Kritik auf Präzisierung und Alternativen.

+ **Neue Formen erproben** Erproben Sie gemeinsam, vor allem in größeren Praktikumsgruppen, neue Formen der Nachbereitung von Stunden, so z. B. mit Phasen der Einzelarbeit, in der alternative Methoden überlegt werden.

+ **Teil der Lerntagebuchs** Lassen Sie die Notizen der Besprechungen einfließen in Ihr individuelles Lerntagebuch zum Praktikum.

Praktikumsbericht
als fundierte Reflexion

Bericht ist Pflicht Für die meisten Schulpraktika im Rahmen eines Lehramtsstudiums gilt, dass Sie am Ende einen Praktikumsbericht erstellen müssen, der zu einem bestimmten Zeitpunkt, häufig einige Wochen nach dem Ende des Praktikums, vorliegen muss.
Die Benennung variiert dabei: In den Studienordnungen oder Schulpraktikumsverordnungen ist von »Praktikumstagebuch«, »Didaktischer Handakte«, »Praktikumsakte« oder auch »Didaktischer Akte« die Rede. Wir möchten der Einfachheit halber den Begriff »Praktikumsbericht« benutzen.
Zielgruppe In den meisten Fällen ist die Zielgruppe des Praktikumsberichts entweder nur der Uni-Betreuer oder der Betreuer, Mentor und Schulleiter. Die Angaben zum Umfang des Praktikumsberichts variieren je nach Uni oder Praktikumsart erheblich (von ca. 15 bis 50 Seiten).
Belastung vs. … Dabei werden Sie möglicherweise zweischneidige Erfahrungen machen: Auf der einen Seite erscheint Ihnen der Arbeitsaufwand hoch, der mit dem Verfassen des Praktikumsberichts verbunden ist. Zusätzlich ist für Sie das Praktikum abgeschlossen, und es ist Ihnen lästig, das Vergangene intensiv zu reflektieren.
… neue Einsichten Andererseits zeigt sich oft, dass nach der Erstellung die meisten Studierenden mit dem Bericht einen Erkenntniswert verbinden, dass das Schreiben eines Praktikumsberichts also Einsichten bringt, die die Einsichten während des Praktikums sinnvoll ergänzen oder erweitern.

Unterschiedliche Perspektiven Dass der Praktikumsbericht in jedem Fall von allen gelesen wird, für die er bestimmt ist, darf im Prinzip vorausgesetzt werden. Dabei werden jedoch die einzelnen Personen Ihren Bericht mit unterschiedlichen Erwartungen oder aus unterschiedlichen Blickwinkeln lesen.

Die Rektorin interessiert sich wahrscheinlich vor allem dafür, wie »ihre« Schule wegkommt, die Mentorin, wie ihre Klasse beschrieben wird, und der Hochschulbetreuer interessiert sich vielleicht, wenn er Erziehungswissenschaftler ist, für die pädagogischen Aspekte, wenn er Fachwissenschaftler und Fachdidaktiker ist, eher für die fachspezifischen Aspekte.

Selektive Lektüre des Uni-Betreuers Gerade in Zeiten der Massenuniversität und besonders in Studiengängen oder Studienfächern mit einer hohen Überlastquote werden Dozent/innen wenig Zeit haben, Ihren Praktikumsbericht intensiv zu studieren, sondern es wird eher auf ein aufmerksames Lesen bestimmter Kapitel hinauslaufen.

Standardelemente Schaut man die unterschiedlichen Studienordnungen durch, so gibt es, ebenso wie bei den Leitlinien für einen schriftlichen Unterrichtsentwurf, trotz aller Heterogenität auch zahlreiche Punkte, die immer wieder als Bausteine eines Praktikumsberichts genannt werden:

+ die Beschreibung der Schule, Kooperation mit anderen Institutionen
+ ein allgemeiner Bericht über den Ablauf des Praktikums
+ die Beschreibung der Klassen, in denen man hospitiert bzw. unterrichtet hat

+ die Ergebnisse der Unterrichtsbeobachtungen, Gesprächsprotokolle zu Hospitationsstunden, Hospitationsprotokolle, Darstellung der Beobachtungsmethoden und -schwerpunkte
+ die Darstellung der Planung, Durchführung und Auswertung eigener Unterrichtsstunden oder -phasen
+ die Bearbeitung eines speziellen schulpädagogischen oder fachdidaktischen Aspektes durch Verknüpfung der einschlägigen Forschungslage und der Praktikumserfahrungen in diesem Bereich
+ eine Übersicht über die einzelnen beobachteten und selbst gehaltenen Stunden sowie andere schulische Veranstaltungen, an denen man teilgenommen hat (z. B. Lerngänge, Konferenzen oder Elternabende)
+ ein Resümee, Darstellung Ihrer Lernprozesse im Praktikum, daraus erwachsende neue Fragestellungen

Von Tag 1 an: sammeln Um am Ende auf den vorgesehenen Umfang zu kommen, ist es ratsam, vom ersten Praktikumstag an wichtige Notizen in einem Heft, Ordner oder Buch festzuhalten (wir empfehlen einen Ordner) und die dazugehörigen Materialien (z. B. Arbeitsblätter, Elternbriefe, Schülerprodukte) chronologisch zu ordnen. Dazu sollten Sie Beobachtungsnotizen und natürlich eigene Stundenplanungen oder Verlaufsskizzen legen.

Im Computer Parallel dazu sollten Sie in Ihrem Computer eine Datei »Praktikumsbericht« anlegen, in die Sie jeweils abends Ihre Anmerkungen eintragen und schon einmal mögliche Materialien so abspeichern, dass Ihnen bei der Erstellung des Praktikumsberichts nichts verloren geht.

Fotos Schön ist es auch, wenn die Leser/innen Ihres Berichtes zu ausgewählten Fragen Fotos oder weitere Illustrierungen vorfinden (es sollte aber kein reines Fotoalbum werden ...).

Fokus finden Viele Praktikant/innen tun sich schwer damit, sich für einen speziellen schulpädagogischen oder fachdidaktischen Aspekt zu Beginn des Praktikums zu entscheiden. Empfehlenswert ist es, sich erst in der Mitte des Praktikums festzulegen, zu welchem Aspekt man im Praktikumsbericht besonders Stellung bezieht.

Einerseits sollten Sie die Erfahrungen der ersten Praktikumshälfte nutzen, um die Themenstellung einzugrenzen. Andererseits haben Sie so noch die zweite Hälfte Ihres Praktikums, um gezielter zu beobachten und sich mit Ihrer Mentorin oder der Hochschulbetreuerin, vor allem aber, so vorhanden, mit den anderen Praktikant/innen Gedanken zum gewählten Schwerpunktbereich zu machen.

Themen zur Vertiefung Die Auswahl an Themen, die vertieft behandelt werden, ist im Prinzip unbegrenzt. In den nächsten beiden Abschnitten finden Sie eine Auswahl von möglichen Themen zur Anregung.

Schulpädagogische Aspekte

Primarstufe
+ Lehrerrolle zwischen Fachlehrer/in und Sozialpädagog/in
+ Anschaulichkeit als Unterrichtsprinzip
+ Mädchen und Jungen – Parallelen und Differenzen
+ Kindgemäßheit von Lehrerhandeln

Sekundarstufe I

+ Disziplin und Disziplinprobleme
+ Mädchen und Jungen – Parallelen und Differenzen
+ Motivation und Motivationsprobleme
+ Öffnung des Unterrichts
+ Außerunterrichtliche Veranstaltungen

Sekundarstufe II

+ Lehrstile im Vergleich
+ Schülerpersönlichkeiten
+ Unterrichtsgespräche

Fachdidaktische Aspekte

Primarstufe

+ Leselernmethodik
+ Schriftspracherwerb
+ Erwerb von grundlegenden mathematischen o.a. Kompetenzen
+ Multikulturalität und Deutschunterricht
+ Curricula in der Praxis

Sekundarstufe I

+ Lehrplan und Unterricht
+ Umgang mit Schulbüchern
+ Vergleich von Schulbüchern
+ Medien im Physikunterricht
+ Koedukation im Sportunterricht
+ Innere und äußere Differenzierung
+ Fachspezifische Lernvoraussetzungen
+ Situativer Rechtschreibunterricht

+ Berufsorientierung im Fachunterricht
+ Abschlussprüfungen

Sekundarstufe II
+ Einsprachigkeit im Fremdsprachenunterricht
+ Propädeutik

Als Leitlinien zur Abfassung des Praktikumsberichts können gelten:
+ Schreiben Sie kurz und präzise; bemühen Sie sich um Prägnanz.
+ Versuchen Sie, zu kennzeichnen, wenn Sie vom distanzierteren Stil zu subjektiveren Schilderungen kommen.
+ Vermeiden Sie kränkende, verletzende, herabsetzende Bemerkungen über andere.
+ Beachten Sie die datenschutzrechtlichen Bestimmungen und halten Sie sich an die Verschwiegenheitspflicht. Am besten, Sie anonymisieren personenbezogene Daten.

Gutachten

In vielen Studienordnungen ist vorgesehen, dass Sie zum Abschluss eines Schulpraktikums vom Hochschulbetreuer ein Gutachten bekommen, das Ihre Leistungen im Schulpraktikum würdigt. Zuweilen erhalten Sie auch vom Mentor ein Gutachten.
Funktion Das Gutachten hat die Funktion, Ihre Lernprozesse im Verlauf des Praktikums darzustellen und zu

würdigen, Stärken und auch mögliche Schwächen Ihres Handelns im Praktikum zu benennen und abschließend ein vorsichtiges Gesamturteil zu formulieren.

Zwischen den Zeilen Das Lesen eines solchen Gutachtens erinnert zuweilen an das Lesen einer betrieblichen Beurteilung, auch hier ist das Lesen zwischen den Zeilen notwendig.

Beispiel 1 »Der Praktikant bemühte sich um eine schülergerechte Unterrichtsführung« heißt da natürlich etwas anderes als »Der Praktikant führte seinen Unterricht größtenteils entlang den Vorerfahrungen und Interessen der Schüler/innen«. Und wieder etwas besser könnte das so heißen: »Dem Praktikanten gelang es eindrucksvoll, durchweg schülerorientiert zu unterrichten.«

Auch bei den Passagen, die auf Aspekte abseits des Unterrichts eingehen, ist eine sensible Textrezeption empfehlenswert.

Beispiel 2 Wenn im Gutachten steht: »Die Beiträge des Praktikanten in den Nachbesprechungen waren nicht immer zielführend«, so lässt sich das als klare negative Kritik interpretieren. Besser könnte es so sein: »Die Beiträge des Praktikanten in den Nachbesprechungen waren fast immer wertvoll.« Und noch eine Stufe höher: »Die Beiträge des Praktikanten in den Nachbesprechungen waren durchweg wertvoll und zeugten von seiner hohen fachdidaktischen Reflexionsfähigkeit.«

? FAQs Schulpraktikum

Wie kann ich einen Eindruck von den Lernvoraussetzungen meiner Praktikumsklasse bekommen?

Mentor fragen Versuchen Sie einerseits, Ihre Mentorin möglichst gezielt zu befragen. Dazu ist es nötig, diese Fragen nicht zwischen Tür und Angel zu stellen, sondern sich möglichst zu Beginn des Praktikums etwas Zeit zu nehmen. Je präziser Ihre Fragen sind, umso eher bekommen Sie auch die Informationen, die Sie interessieren.

Selbst beobachten Andererseits sollten Sie auch Ihre eigenen Beobachtungsnotizen zur Hand nehmen bzw. gezielt beobachten, um z. B. die Lesekompetenz, die musikalische Kompetenz oder auch die Geometriekenntnisse Ihrer Klasse zu eruieren.

Fachliteratur konsultieren Um dies an einem Beispiel zu illustrieren, das für alle Fächer und Klassenstufen von zentraler Bedeutung ist: Wenn Sie erkunden wollen, welche Voraussetzungen die Schüler/innen im Bereich der Lesekompetenz haben, ist es unabdingbar, zuerst die einschlägige Fachliteratur dahingehend zu befragen, was eigentlich unter »Lesekompetenz« zu verstehen ist. Danach sind Sie sicher in der Lage, einige Leitfragen zu formulieren.

Beispiel Leitfragen könnten sein:

+ Wie können die Schüler/innen Texte laut vorlesen?

- **+** In welcher Geschwindigkeit können sie Texte laut vorlesen?
- **+** In welcher Geschwindigkeit können sie Texte leise für sich lesen?
- **+** An welchen Stellen treten Verlesungen bzw. Leseschwierigkeiten auf?
- **+** Welche Kompetenzen zeigen die Schüler/innen in den Subskalen der Lesekompetenz »Informationen entnehmen«, »Textbezogenes Interpretieren« und »Reflektieren und Bewerten«?
- **+** Sind diejenigen Schüler/innen, die am flüssigsten lesen, auch die, die den Textinhalt am besten wiedergeben können?
- **+** Sind die Schüler/innen in der Lage, zu gelesenen Texten ein Gespräch zu führen?
- **+** Können sie die auch nur implizit vorhandenen Textbezüge erschließen und darstellen?

Wie kann ich eine Stunde zeitlich realistisch planen?

Lieber weniger Die Regel der meisten gehaltenen Unterrichtsstunden ist: Die Zeit reicht nicht. Daher sollten Sie zum einen bemüht sein, sich nicht zu viel für eine Stunde vorzunehmen, d.h. zum Beispiel das Thema oder die Arbeitsaufträge einzugrenzen oder auf eine sachlich überflüssige Phase oder einen langen, verwirrenden Einstieg zu verzichten.

Trockenübungen Darüber hinaus ist es sicher hilfreich, bestimmte Phasen quasi trocken, z. B. mit Ihren Kommiliton/innen durchzuspielen. Und dies in einer »best case« (fix, alle Schülerantworten stimmen, keine Rückfragen, keine Unterrichtsstörungen etc.) und einer »worst case«-Version. Die planerische Wahrheit liegt oft ungefähr in der Mitte.

Zeitplan mitnehmen Vielleicht hilft es Ihnen auch, auf Ihren Notizen, die Sie mit in die Stunde nehmen (z. B. Karteikarten), mögliche Zeitlimits festzuhalten.

Mentor fragen Zur realistischen Zeitplanung sollten Sie unbedingt Ihren Mentor fragen. Der hat viel Erfahrung darin, wie lange es braucht, um bestimmte Dinge mit seiner Klasse zu machen.

Wie kann ich mehr als nur Frontalunterricht bieten?

Voraussetzungen beachten Das hängt sehr vom Unterricht Ihrer Mentorin bzw. von den Vorerfahrungen der Schüler/innen ab. Es ist absolut illusorisch, mit einer Klasse offen zu arbeiten, die bisher kaum Erfahrung mit offeneren Unterrichtsformen hatte, die seit Wochen keine Gruppenarbeit durchgeführt hat oder die Stationenarbeit noch nie erfahren hat.

Für diesen Fall sollten Sie, zähneknirschend, sich mehr oder weniger für das Methodenrepertoire entscheiden, das die Klasse kennt.

Innovation als Impuls Andererseits sind viele Mentorinnen auch froh, wenn Praktikant/innen von der Uni ihnen ab und zu mal vorführen, was gerade so in der Hochschule »en vogue« ist. Dazu sollten Sie aber am besten mit einer kleineren offenen Phase beginnen, bevor Sie ganze Stunden projektartig durchführen.

Wie kann ich konkret Unterricht differenzieren?

Vorkenntnisse bedenken Reflektieren Sie möglichst genau die Vorkenntnisse und Kompetenzen der Schüler/innen in Ihrem Fach bzw. zu Ihrem Unterrichtsthema. Dann können Sie für lernschwächere, mittlere und lernstärkere Schüler/innen jeweils Unterrichtsziele definieren, die erreicht sein sollten, damit der Unterricht erfolgreich ist. Und dann überlegen Sie z. B., welche zusätzlichen Hilfen Lernschwächere benötigen und welche weiterführenden Fragestellungen oder zusätzlichen Herausforderungen die Klassenbesten haben bzw. brauchen könnten.

Wie kann ich einen Eindruck von den Lernvoraussetzungen meiner Praktikumsklasse bekommen?

Aus Alternativen wählen Eine häufig angewandte Strategie ist, sich einige mögliche Einstiege zu überlegen und dann zu fragen, welcher dieser Einstiege am motivierendsten ist, am nächsten am Inhalt und Ziel der Stunde ist, die Schüler/innen am wenigsten verwirrt und am wenigsten Zeit braucht. Dann könnten Sie ziemlich richtig liegen.

Informierend Oder Sie bieten einen »informierenden Unterrichtseinstieg«, nennen Thema und Ziel der Stunde und sparen so Unterrichts- und Planungszeit.

Das ist wohl das größte Ziel: einerseits Unterricht und damit immer auch Schüleraktivitäten genau zu planen, andererseits aber Aktivität und Motivation für die Sache zu entfachen.

Konkrete Ziele Damit Schüler/innen im Unterricht aktiv werden, brauchen sie in aller Regel eine konkrete Fragestellung und präzise Ziele, wozu sie das lernen sollen. Das ist nicht immer leicht.

Alle ansprechen Versuchen Sie darüber hinaus, möglichst *alle* Schüler/innen verbal und nonverbal anzusprechen, durch Fragen, Impulse, Lob.

Anschaulichkeit Und seien Sie darum bemüht, Ihre Inhalte und Themen anschaulich aufzubereiten, z. B. durch ein Modell, ein Bild, ein Foto, einen Film oder durch ein Rollenspiel, ein Rätsel, einen Satz zum Staunen, Wundern, Nachdenken.

Häufig haben Praktikant/innen mehr oder weniger große Angst, dass ihnen beim Unterrichten eine Panne passiert, dass sie etwas vergessen, falsch machen, übersehen. Zum Trost: Dies geht erfahrenen Lehrer/innen häufig genauso (man merkt es nur nicht immer so schnell).

Gut planen Das Beste ist, Unterricht so zu planen, dass die größten Schnitzer gar nicht vorkommen können. Dazu müssen Sie über den Unterrichtsgegenstand viel wissen (dem dient eine gewissenhafte Sachanalyse!). Und dazu haben Sie einen bestimmten Lehr-Lern-Weg geplant und mögliche Alternativen begründet ausgeschlossen.

Karteikarten als Stütze Wir empfehlen zusätzlich, sich auf der Strukturskizze oder Karteikarten wichtige Arbeitsaufträge, Fragen oder Impulse im Wortlaut zu notieren (natürlich haben Sie das vorher zu Hause trocken geübt, z. B. mit Ihrem Spiegel oder Ihrer Freundin), um hier sicher zu sein. Und trotzdem kann noch viel passieren:

+ **Fall 1:** Ein Schüler stellt eine Frage zum Thema, die Sie nicht beantworten können.

  Hier sagen Sie am besten, dass Sie leider die Antwort auch nicht wissen. Vielleicht weiß jemand aus der restlichen Klasse mehr. Am besten, Sie überlegen gemeinsam mit der Klasse, wie und wo man sich informieren kann, um die Antwort zu erfahren. Dann bekommt eine/r die Hausaufgabe, das bis morgen in Erfahrung zu bringen. Bitte auch kontrollieren!

+ **Fall 2:** Sie haben sich an der Tafel verschrieben.

  Kein Problem: Sie bedanken sich für den Hinweis

und die Aufmerksamkeit, korrigieren und schreiben zügig weiter.

+ **Fall 3:** Mitten im zentralen Unterrichtsgespräch kommt der Hausmeister rein und muss dringend die Heizung kontrollieren.
Am besten, Sie unterrichten auch hier zügig weiter.

Humor! Häufig ist es bei Pannen ratsam, mit Humor zu reagieren, ohne sich lächerlich zu machen.

Was mache ich, damit mich die Schüler/innen akzeptieren und diszipliniert mitmachen?

Auch dies ist eine grundlegende Frage. Denn schließlich wissen die Schüler/innen in aller Regel (selbst die Erstklässler/innen), dass Sie noch kein »richtiger« Lehrer sind. Ratsam ist es, möglichst authentisch zu sein, in kritischen Situationen auch die Hilfe des Mentors einzufordern, flott weiterzuunterrichten und sich nie persönlich angegriffen oder verletzt zu fühlen (ja, wir wissen, das ist leichter gesagt als getan).

Namen kennen Gut ist auf jeden Fall, wenn Sie sich alle Namen in der Klasse gemerkt haben, um so einen direkten Draht zu den Schülerinnen und Schülern zu haben.

Was ist, wenn ich das Gefühl habe, dass der Lehrerberuf vielleicht doch nichts für mich ist?

Ernst nehmen Dieses Gefühl sollten Sie ernst nehmen, weil ein Schulpraktikum durchaus einen Eindruck von den vielfältigen Seiten des Lehrerberufs und seinen Belastungen bietet. Am besten, Sie sprechen mit anderen darüber, z. B. Ihrer Mentorin, Ihrer Hochschulbetreuerin oder Kommiliton/innen, um deren Einschätzung in Erfahrung zu bringen.

Weiteres Praktikum Vielleicht hilft Ihnen auch ein weiteres freiwilliges Schulpraktikum an einer anderen Schule weiter, um Ihre Berufswahl gezielter überprüfen zu können.

Studium/Referendariat beenden Sollten Sie zunehmend sicherer werden, dass Sie wohl doch nicht später einmal Lehrer/in werden wollen oder können, so könnte es dennoch sinnvoll sein, das Studium, möglicherweise auch das Referendariat, erfolgreich hinter sich zu bringen.

Möglichkeiten außerhalb der Schule Denn der Arbeitsmarkt für Lehrer/innen bietet durchaus Möglichkeiten außerhalb der Schule, so z. B. in der Erwachsenenbildung, im Projektmanagement oder auch in Verlagen.

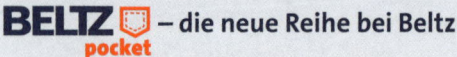